디지털 반세기

Digital

정보산업 이야기

제2권: C&C 시대
정보산업 도전의 시간

열정은 도전이 있을 때 타오를 수 있고
도전은 목적이 있을 때 행해 질 수 있는 것이며
목적은 꿈을 꾸는 사람이 추구할 수 있는 것으로
그것은 미래 지향적 가치인 것이다

글쓴이

이 상 준

2

4

송관호/ 한국IT전문가협회 회장

대한민국의 정보산업과 관련하여 반평생인 47년간의 디지털여행기의 추천사를 감히 쓸 수가 없어 몇 번의 고사 끝에, 완성된 책 자체가 대한민국의 정보화, 전산화의 역사임을 감지한 순간 도저히 거절할 수 없는 책무와 추천이라는 말보다는 감사하다는 글을 쓰는 것이 좋다고 생각하였다.

반세기전의 대한민국은 전산화자체가 불모지였고 저자의 순수한 열정과 희생이 우리나라의 정보화, 전산화, 전자정부 등의 디딤돌이 되었고 우리나라가 IT강국으로 발돋움한 계기가 되었으며 개인사에서 만난 인연과 노력들이 한겹한겹 쌓여 웅장한 거목으로 나타남을 느꼈다. 1969년 한전 전자계산소를 입사하고 한국전산에서 소프트웨어 개발하고 삼성전자와 삼성SDS의 산파역 등은 개인적인 디지털여행기가 아닌 국내IT의 한 가운데로 마치 역사서를 보는 것처럼 고개가 끄떡거려진다.

이를 계기로 대한민국은 1980년도 초에 행정전산화와 5대 국가기간망으로 발전하였고 세계에서 가장 인터넷을 쉽게 사용할 수 있는 나라로 우뚝 서게 되었다. 저자는 바로 이러한 현장에서의 경험과 실패의 노하우를 갖고 개발도상국의 정보화, 전산화를 위한 알파에서 오메가까지 철저한 봉사와 사업으로 70중반에서도 젊은 청춘처럼 열정을 갖고 해외에 나가 일하고 계심을 보곤 감탄한 적이 한두 번이 아니다.

요즘 젊은이들이 헬조선이라고 이야기하고 자기 자신을 비하하는 것은 이 책을 못 읽어서 생기는 가능한 불평이라 생각되어, 우리나라 젊은이에게 강력하게 권하고 싶은 책이다.

미래의 IT기술은 빅데이터, 사물인터넷(IoT : Internet of Things), 클라우드 컴퓨팅, IT 융합기술등이 키워드로 회자되고 있으며 모바일 기술이 발전함에 따라 네트워크 연결성이 확대되고 수많은 데이터가 생성되어 이를 분석하고 해석함으로써 기존의 비즈니스 영역을 한층 더 확대하고 우리의 생활패턴을 예측하게 하여 신규 사업이나 전략을 개발하는데 활용하게 되는 4차 산업혁명시대를 맞게 될 것이다.

또한 IT융합기술은 콘텐츠, 미디어, 바이오, 나노기술 등과 결합되어 새로운 기술개발과 비즈니스를 창출하고 있고 기존 업무에 IT기술을 접목한 신규 융합서비스가 출현되고 있다.

이외에도 제조업, 농업, 수산업 등의 전통산업에 IT기술을 활용하여 부가가치를 높이고 있으며, 의료산업 분야에서는 디지털 병원이나 헬스케어시스템 이 도입되어 막대한 부를 창출할 것이다. 이것은 새로운 4차 산업혁명의 출현으로 기존의 모든 산업 생태계가 급격하게 변화하고 있음을 시사하고 있다.

이 책자는 현재 국내 경제의 희망의 나침판으로, 미래의 4차 산업혁명의 기본적이 지침서로, 글로벌하게 전 세계로 나아가는 디지털 실크로드의 지도로 추천 드리며 저자의 열정에 머리 숙여 감사를 드린다.

여인갑 / 경영학박사. ㈜시스코프 대표이사

'역사를 왜 배우는가'하는 질문을 학창시절에 많이 해보았습니다. 특히 국사나 세계사를 싫어하는 학생들이 흔히 하는 투정입니다.

그러나 역사를 모르면 민족의 미래가 없다고 말하는가 하면, 역사를 잊은 민족에게 미래는 없다고 말하고 있습니다.

역사를 통해 자신을 이해하고 자기가 살고 있는 사회와 국가에 대한 이해를 좀 더 깊이 할 수 있으며 앞으로의 삶이 어떠해야 하는지에 대한 통찰력, 사고력, 판단력을 키울 수 있다면 역사는 누구나가 반드시 알아야할 발자취임에 틀림없습니다.

70대를 맞이한 고교동창생들이 우리도 후세에 무언가 남겨야하지 않겠느냐고 의논한 결과 우리 세대가 걸어온 발자취와 디지털이야기로 한국정보화사회를 이룩하는데 있어 우여곡절을 겪으며 세계 속에 우뚝 선 우리 대한민국의 빛나는 이야기를 남겨주자는데 동의하고 각자가 겪은 이야기를 써서 책으로 남겼다는 이야기를 잊지 못합니다.

자식이나 손주들에게 디지털이야기 뿐 아니라, 살아온 이야기라도 하려고하면 별로 듣지 않으려하기 때문에 책으로 만들어주기로 한 것입니다.

그러나 평소에 만나서 이야기하는 것과 글로 남긴다는 것은 전혀 다른 이야기입니다. 글로 표현하자면 우선 간결해야하고 이야기 하고자 하는 주제가 명확해야하며 또 꾸밈없는 사실이어야 하기 때문입니다.

이번에 이상준 회장님께서 IT산업을 비롯하여 지나온 삶을 진솔하게 회상해보며, 남기고 싶은 이야기들을 재미있게 책으로 엮으신 일은 이회장님 가족 후손들뿐만 아니라 같은 시대를 살아가고 있는 우리들 모두에게도 매우 유익한 이야기이고 크게 기뻐해야할 업적입니다.

과거의 시대상이나 주변여건, 그리고 그때그때 대처했던 행동들과 어려웠던 상황을 슬기롭게 헤쳐나갔던 당시 어른들의 지혜를 이 책을 통하여 마음껏 누려보시기를 바라며 일독을 권합니다.

과거를 통하여 더욱 밝은 미래를 그려볼 수 있습니다.

박재년 / 숙명여자대학교 소프트웨어 공학부 명예교수

디지털여행기는 47년간 소프트웨어 개발사업, 국산 개인용 컴퓨터개발 및 생산과 판매, SDS 창설주도, 그리고 정부기관 정책자문 등 우리나라 여명기 정보산업발전에 지대한 공헌을 했고 현재 캄보디아와 베트남 등 동남아 국가에 전자정부 시스템을 보급하고 계시는 로딕스(LoDiCS)사 이상준 회장님이 1983년부터 1987까지 신설되고 있는 삼성전자 컴퓨터사업부에서 국내 최초로 개발된 삼성 개인용컴퓨터 판매망 구축과 소프트웨어를 정보산업으로 탄생시킨 SDS설립과정을 크게는 대한민국의 정보화 발전사와 이야기처럼 편하게 쓴 글이다. .

이 글에서 우리는 삼성 이병철 회장님의 삼성전자를 세계 1위의 기업으로 성장시킨 경영철학 및 경영방식 그리고 삼성의 기업문화를 저자의 이야기 속에서 간접적으로 나마 배우고 이해하는 데 큰 도움이 될 것이다.

1) 1983년 저자가 삼성에 이사로 보임되었을 당시 삼성은 정보가 새로운 가치로 인식되는 세계 시장의 변화를 10여년 전에 인지하고 컴퓨터를 제조하기 위해서 하드웨어와 소프트웨어 기술축적과 인재양성에 1970년대 초부터 이미 투자를 하고 있었다.

1) 삼성의 경영철학과 모든 분야에서의 품질관리 기술과 노하우는 후일 삼성이 반도체 사업에서 성공하고 세계를 제패할 수 있게 하는

동력이 되었다.

2) 비서실 회의방식을 통해서 이병철회장의 도전정신과 인재양성 제일주의 경영방침과 비서실 운영방법 등의 삼성문화가 삼성을 세계적인 기업으로 만들었다.

3) 최고의 모험적 도전적 결정의 뒤에는 반드시 성공시키기 위한 준비가 철저히 이루어지는 것이 삼성의 경영방식이다.

4) 삼성의 인재양성은 우수한 인재를 선발하고 선발한 이후에 더 넓고, 깊고, 강하며, 지속적으로 진행된다. 이병철 회장 본인의 집무실은 각종 회의를 통하여 인재교육의 최고 수준의 장으로 활용되고 있다.

5) 매년 사장, 임원, 간부, 직원, 신입사원의 교육 계획을 수립하여 발표하고, 이 교육에는 이유여하를 불문하고 불참을 용인하지 않았다.

6) "탐구와 도전, 인재양성"이 이병철 회장님의 철학이고 이념이라면 그룹 경영방침인 "흑자경영, 인재제일, 사업보국"은 그 이념의 실천 방안이다.

저자가 온 정성으로 이루어낸 주요 프로젝트 이야기는 다음과 같다.

1) 컴팩에 처음으로 해외수주를 받아놓고 엔지니어링 테스트에 불합격해 주문이 취소되는 허탈감과 생산직 직원을 감원할 때 괴로움이 매우 많았다.

2) 8bit PC를 싱클래어회사와 어렵고, 힘들고, 자존심 상하고, 때로는 모욕을 느끼면서 50만대의 수주를 성공적으로 했다.

3) 각급학교에 컴퓨터를 기증하기도 하고 경쟁사들과 함께 전국 학생 일반이 참여하는 PC경진대회를 후원하면서 시장을 개척하였다.

4) 비서실 기획팀에 정보산업 육성을 위하여 하드웨어 부문과 소프트웨어 부문의 두 축을 병행하여 육성해야 된다는 제안을 계속해왔었다. 그리고 이병철 회장께서 소프트웨어를 전문으로 하는 회사가 필요하다는 것을 인식하시어 삼성데이터시스템(현SDS)이 설립되었다.

회사 설립과정에서 그룹회사들의 전산실 통합반대, 공정거래법의 규제, 상호 출자규제 때문에 IBM과의 어려운 협상과정을 거쳐 합작회사로 출발하였다.

그리고 저자가 퇴직한 후 이건희 회장의 지시에 따라 그룹사내 전산실은 SDS로 통합되었다. 10년 후에는 1조원의 매출을 달성했고 30년 만에 10조원의 매출을 달성하는 초대형기업이 되었다.

지금 시대는 로봇끼리 통신하고 자동 조작하게 됨으로 많은 직업이 사라지리라는 불안한 정보가 흘러넘친다. 산업혁명으로 증기기관이 동력으로 대체되면서 영국의 광산노동자들이 극렬하게 데모했지만 영국은 세계제일의 부자 나라가 되었으며 인도에서도 70년대 항구에 도착한 IBM 컴퓨터 하역작업을 하지 못하도록 노동자들이 방해했지만 없어지는 직업보다도 새로운 직업이 훨씬 많이 생기어, 문제는 많지만, 풍요로워진 세상이 되었다.

우리나라의 7, 80 년대와 같이 누구도 가보지 않은 4차 산업의 변혁기를 맞이하여 새롭게 도전하여 이루어내야 할 새로운 일과 열정을 불태울 신생 직업들이 많이 생길 것이다. 이를 위해서 이 회장님의 생생한 도전 경험과 열정이 독자들에게 성공의 나침반이 될 것이라고 믿는다.

시작하는 글

1983년은 디지털대한민국으로 가기위한 출발을 알리는 해였다.

우리사회가 디지털이라는 새로운 옷을 입기위하여 고난의 길을 출발하였고 그 후 30여년의 긴 여정을 지나서 현재는 가장 화려한 디지털 옷을 입고 무대에 서게 되었다.

세계의 부러움을 사는 선망의 대상이 되었다.

이제 우리는 스마트 세계를 향한 시대의 흐름을 슬기롭게 맞이할 수 있는 지혜가 필요함을 스스로 자각해야할 것이다.

인사말

이 글을 쓰면서 나는 나의 두 손녀들을 생각한다.

이 글은 책으로 만들어져서 그 두 손녀들이 학업을 마치고 사회로 나가기 전에 읽게 될 것이다.

내가 어떻게 살았는지 손녀들에게 자랑하고자 함이 아니고, 내가 살며 보고 듣고 느꼈던 것을 진솔하게 손녀들에게 들려줌으로써, 손녀들이 삶과 사회에 대한 것을 간접적으로 경험하는데 도움이 되었으면 하는 소망에서 글을 쓰고 있다.

또한 소박하고 일상적인 이 경험이 다른 젊은이들에게도 사회생활을 하는데 조금이라도 참고가 될 수 있기를 희망한다.

내가 지금까지의 삶을 살아오는 과정에서 함께하며 도움을 준 많은 선배 동료 후배들에게 감사의 마음을 전한다.

나 자신도 모르게 상처 준 분들도 없지 않아 있었을 것으로 생각하며, 그 분들에게는 이 글을 통하여 용서를 바란다.

그 외에도 만났던 많은 분들에게 더 배려하지 못했던 자신에 대하여 반성하며, 그분들과의 인연과 추억을 아름답게 간직할 것이다.

사회생활을 위하여 개관적인 가치관과 균형 있는 판단 기준이 있어야 한다.

인생은 시간이라는 화폭에다 삶의 그림을 그려나가는 과정이다.

끝없는 탐구

미래와 세계를 향한 희망
그곳에는 신념이 있었고
도전과 용기, 이상과 열정이 있었다.

첫 출근

삼성 비서실의 소 실장을 만난 후, 몇 일간 KICO의 업무를 정리해서 인계하고 1983년 4월 1일 삼성 비서실로 출근을 하였다.

이번은 나의 의지이기보다는 주위의 영향으로 새로운 경험과 도전의 자리에 서게 되고, 나의 정보사회에 대한 시야를 넓히는 계기가 된다.

한국의 정보산업의 산실이 되었던 이곳에서 정보산업의 하드웨어부분을 보게 되고, 기업의 조직과 경영을 더 넓게 이해함과 동시에, 세계를 향해 정보산업을 볼 수 있는 계기가 된다.

기업의 의미와 기업가의 철학에 대하여 많은 생각을 할 수 있었고, 경영인으로써 나의 삶의 행로를 결정하는데도 큰 영향을 받게 된다.

컴퓨터 사업본부에 부임을 하다.

비서실 기획팀의 이 이사를 만나 출근할 사무실의 위치를 확인하고, 지금의 강남역 근처에 있는 기남빌딩으로 향했다.

강남역에서 한남대교를 향하여 왼쪽으로 약 100m 내외의 검은색 빌딩으로 뉴욕제과 강남점과 인접하고 있었다.

그곳에 도착하니 그 빌딩의 몇 개 층을 임대하여 사용하는 서울 사무실이 있었다. 나의 사무실이 정리되어있었고 직원들이 대기를 하고 있다가 맞이하여주었다.

16

관리부장이 안내를 하고, 여비서가 인사를 한 다음 사무실을 돌아보았다.

총무과장이 찾아와서 여러 가지 현황을 설명해주었다.

수원 삼성전자에는 30여개의 사업부가 있었고 그 중에 컴퓨터사업본부는 신설되고 있는 중이었으며. 컴퓨터사업본부에는 컴퓨터사업부와 계측기사업부 HP(Hewlett Packard)사업부가 속해있고, 관리부와 연구개발실 그리고 컴퓨터생산 공장건설이 추진되고 있었다.

그곳에는 우리나라가 처음으로 정보산업 제품을 국산화하여 수출을 하기위한 원대한 계획과 전략이 진행되고 있었으며, 그 야심에 도전하는 사람들의 예지의 눈빛, 뜨거운 열기, 활기찬 움직임을 느낄 수 있었다.

아직 나의 보직이 확정된 것이 아니어서 우선 관리부로부터 조직 인사 및 경영관리의 계량적 자료들을 보고 받았다.

그리고 기획과장으로부터 사업계획과 추진현황에 대한보고도 받았다.

현재의 상황은 기술조사와 획득, 제품과 시장의 분석, 인력충원과 공장건설 등이 준비되고 있었지만 최종 사업계획이 미완상태로 계속 검토되고 있다고 판단이 되었다.

이렇게 보고받은 자료들을 받아, 다시 검토하고 확인하는 것이 나의 첫 번째 임무가 되었다.

모든 것이 바쁘게 돌아가고 있었지만 체계가 잡혀있지 않았다.

컴퓨터사업본부에는 나를 포함하여 4명의 사업부장급이 있었다.

HP사업부의 이 이사, 미국 스탠포드 대학에서 전자공학을 하고 신규로 채용된 주 이사, 계측기사업부를 담당한 임 부장, 그리고 컴퓨터사업부에 내가 부임을 한 것이다.

사람은 모였으나 아직 조직과 기능이 명확히 정립되어있지 않았기 때문에 직무가 명확히 부여된 상태가 아니었다.

사업본부에 컴퓨터사업, HP사업, 계측기사업이 포함되어있었고, 컴퓨터사업부는 PC(Personal Computer), 모니터, 프린터 등을 개발생산해서 판매해야하고, 동시에 소프트웨어의 개발과 제품수출을 하여야했다. HP사업부는 미국 HP회사의 제품을 국내에 판매하는 사업을 하고 있었으며, 계측기사업부는 계산기를 비롯하여 몇 가지의 계측기들을 개발생산 판매를 하고 있었다.

부임하고 얼마가 지나, 이 이사와 주 이사가 해외시장 조사를 위해 미국 출장 중일 때 정 사장과 면담이 있었다.

정 사장은 나에게 컴퓨터사업 본부장을 맡을 것을 제의하였다.

나는 그 동안 파악한 업무내용을 검토한 의견을 말했다.

신설하는 컴퓨터사업부는 미국이나 일본으로부터 1, 2년 내에 새로운 기술을 도입해야하고, 수천 명의 인력을 확보해서 교육과 훈련을 시켜야하고, 년산 100만대 이상의 제품을 생산하고 관련 소프트웨어를 국내외에 판매해야한다. 그리고 이를 위하여 약1,000억 규모의 자금을 동원 집행하면서 이를 수용할 수 있는 환경을 조성해야만 한다.

이러한 목표를 원활이 수행하기위해서는 전문지식과 기술, 그에 따른 경영경험이 필요함은 물론이고, 비서실과 전자의 관리부문 기술부문 등의 조직과 원활하고 유기적인 관계가 필요하다.

전자라는 조직 내의 관계에서는 KICO에서 근무를 한 나보다는 전자에서 계속근무를 한 이 이사가 훨씬 효과적일 것이라는 의견을 제시하였다.

이 이사가 정보산업의 전문성과 경영경험이 부족한 것에 대해 정 사장은 우려하고 있었다. 그 부분은 내가 적극 협조와 참여를 하기로 약속을 하였다.

즉 나의 임무는 전문적 지식과 경험을 지원하고, 소프트웨어 부문 전반과 국내영업과 대정부 및 언론을 담당하는 것이 되었다.

이 이사는 수출과 관리부담당을 하면서 본부장을 하게 되었고, 주 이사는 연구개발을, 그리고 사업부장급 이 부장이 공장장으로 생산을 담당하게 되었다.

3명의 이사 및 1명의 이사급 부장, 모두 4명이 4개 부문의 역할을 분담하게 되었다.

이렇게 직무가 정해짐으로써 나의 부임신고 겸 직무분장이 완료되게 된다.

삼성의 정보산업

삼성의 정보산업은 몇 개의 분야로 검토되어 추진되고 있었다.

삼성반도체 통신에서는 반도체와 교환기, 그리고 중형 컴퓨터개발을 맡고 있었으며, 반도체는 미국 교포인 이 박사가 기술개발을 담당하고 있었고, 중형 컴퓨터의 모델은 그 당시 IBM OS에 대응하여 개방형으로 보급되는 UNIX OS를 탑재한 SSM-36이었으며, 김 상무가 개발을 담당하고 있었다.

삼성정관은 대형 컴퓨터개발에 대한 검토를 하고 있었으며, 그 모델은 일본의 NEC 대형 컴퓨터를 벤치마킹하여 분석하면서 개발을 위한 전략이 기획되고 있었으며, 김 이사가 판매를 담당하고 있었다.

삼성전자의 컴퓨터사업본부는 퍼스널컴퓨터와 모니터, 프린터, 소프트웨어 부문에 대하여 중점적으로 기획을 진행하면서 추진되고 있었다. 그리고 HP를 모델로 하는 중형 컴퓨터를 별도로 검토하고 있었다.

삼성전기는 각종 부품의 국산화를 위한 계획이 검토, 추진되고 있었다.

이렇게 삼성그룹의 전자, 통신, 전기 등과 관련한 모든 회사가 동원되어 정보산업에 도전하는 시스템으로 임무와 역할을 분담하여 추진하고 있었다.

우리나라의 정보산업은 1969년과 70년 71년에 연이어 IBM System

360이 정부 통계청과 한전, 한진 등에 설치되어 행정과 경영에 이용되기 시작하였고, 다음은 금융기관으로 그 이용이 확산되어 각 기업들이 컴퓨터를 관리와 경영에 이용하게 되었다.

이러한 과정을 통하여 사회 각 분야는 정보의 가치에 대한 새로운 인지를 할 수 있게 되었으며, 정보의 생산과 이용, 관리에 대한 수요가 확산 되면서 정보산업에 대한 관심을 갖게 된다.

삼성은 정보가 새로운 가치로 인식되는 세계시장의 변화를 인지하고, HP의 계측기와 컴퓨터, NEC의 대형 컴퓨터와 퍼스널컴퓨터를 국내에 수입 판매하고, 기업 MIS를 추진하고, 한국전산주식회사(KICO: Korea Information and Computing Corporation)를 설립하여 소프트웨어사업을 하면서, 지난 10년간 정보산업에 대한 기술축적과 인재양성 경영경험을 위하여 이미 투자를 하고 있었던 것이다.

이러한 과정은 최고경영자의 세계 산업동향과 일본 전자산업의 흐름에 대한 부단한 관심과 연구의 결과로 이루어질 수 있었던 것이다.

그렇게 10년 이상 준비한 결과와 1983년 정부의 정보산업육성전략이 계기가 되어 본격적인 투자의 기회를 맞게 되는 것이다.

오늘의 삼성전자의 경영역량은 우연히 이루어진 것이 아니다.

최고경영자의 미래에 대한 혜안과 끊임없는 탐구, 그리고 그 조직원들의 열정으로 이루어진 것이다.

지금 우리의 눈에 보이는 것은 삼성전자의 반도체, 휴대전화기와 노트북 컴퓨터이지만, 이때에 정보산업에 투자를 위하여 설정한 목적은 이 제품들을 만들면서 축적하고 개발한 기술들을 모든 산업분야에 보급 접목하여 모든 산업분야에서 새로운 제품을 개발하는데 활용하고자 하는 것이었다.

이러한 목적과 투자가 성공하여 현재의 지능형제품들이 탄생하게 되었고, 삼성전자와 한국이 전자부문에서 세계에 우뚝 서게 되는 계기가 된 것이다.

그 당시 융합기술, 융합제품이라는 용어를 사용하지는 않았지만, 그 개념과 이론은 새로운 것이 아니며, 이미 이때에 발견되어 40년 이상 발전하며 정립되어온 것이다.

그 대표적인 인식이 일본 NEC의 고바야시 회장의 C&C(Computer & Communication)시대의 선언인 것이다.

이것은 컴퓨터와 통신을 융합하는 기술과 제품의 시대를 선언한 의미를 가지고 있는 것이다.

그 후 통신기기에 컴퓨터기술이 도입되어서 단순 전자식교환기가 ISDN 교환기로 발전하여, 오늘날 통신위성을 탄생시키는 계기가 되었고, 또한 지능형 통신망을 구축할 수 있게 하였다.

통신기술과 기능이 컴퓨터에 접목되어서 개인이 인터넷을 통하여 전 세계와 정보를 교환할 수 있는 기능을 가질 수 있게 되었으며, 이제는 사물망, 스마트도시, 클라우드시스템, 빅데이터센터로 발전하게 되는 계기가 된 것이다.

컴퓨터와 각종기계의 기능을 접목시키는 지능형 로봇의 연구는 이미 이때 시작이 되었으며, 오랜 동안의 연구의 결과가 각종 지능형 로봇은 물론이고, 드론 시대를 열게 되었다.

이동전화기(Mobile Phone)는 컴퓨터와 통신, 그리고 소프트웨어가 융합 된 대표적인 기술과 제품이라고 할 수 있을 것이다.

현재는 그 개념과 기술이 더욱 확산되어가면서 사이버정부, 로봇의사, 로봇전쟁, 세계통합국가, 사이보그, 무인 이동체 등의 탄생이 진행되고 있으며, 또한 로봇에 의한 전쟁으로 군사전략개념의 발전과 변혁이 급속히 진행되고 있는 것이 현실이다.

향후에는 C&C에 유전자기술(Bio Technology)이 접목되어 미래는 'BCC'(Bio-C&C) 시대로 발전하게 되지 않을까 하는 상상을 해본다.

감정을 인식하고 표현하는 로봇의 탄생은 이미 연구가 진행되고 있으니 곧 출현하지 않을까? 기대가 되고, 인간의 수명을 연장하고 우주를 여행하는 데에 가장 장애가 되는 소화기능을 제거하고 종합영양제를 주입하여 먹지 않고 살 수 있는 시대가 오지는 않을까? 상상이 되기도 하고, 인간의 두뇌에서 부정적 유전인자(DNA)들을 제거하여 인류사회를 정의로운 사회로 변혁할 수 있게 되지는 않을까 상상해본다.

어찌 되었든 인간은 'BCC'를 이용한 기술과 지식에 대한 연구를 계속할 것이고, 이 연구의 결과는 지난 장구한 인류의 역사는 물론이고, 결국은 인간의 본질 자체를 스스로 바꾸어 예측할 수 없는 인류의 모습을 만들어가는 "인류 최대의 위기"가 도래하지는 않을까 염려도 된다.

도전과 용기

삼성은 1970년대 10년 동안 정보산업과 관련한 세계동향을 주시하며 미래를 위한 준비를 하고 있었다.

1970년대 말 일본 NEC의 고바야시 회장이 정보산업의 미래에 대하여 통신과 컴퓨터의 융합을 언급한 "C & C"라는 표현은 세계의 이목을 집중시킨 유명한 예언이 되었고, 이제는 사전에 그 의미가 수록되어있다.

이 무렵 이병철 회장은 삼성의 정보산업에 대한 구상을 하며 이 고바야시 회장과 많은 대화를 나누었던 것은 잘 알려진 사실이다.

삼성은 일본의 제일생명보험, 한국의 대한교육보험과 공동출자로 소프트웨어 회사인 한국전산주식회사를 설립하여 컴퓨터의 응용기술을, 미국의 HP와 기술 및 판매협력을 통하여 계측기 등 자동화 기기와 컴퓨터에 대한 기술과 경영경험을, 일본 NEC와 협력을 통하여 컴퓨터 사업에 대한 경험과 반도체 사업에 대한 기술 및 세계시장의 동향 파악을, 그룹 MIS 추진으로 그룹차원의 정보의 가치와 그 이용에 대한 인식고취 등 정보산업에 대한 준비를 다각도로 추진하여왔었다.

정보산업에 대한 이러한 탐구와 경험을 통하여 10여년의 준비를 하고, 1981년부터 정보산업 진출을 위한 본격적인 검토와 사업기획수립에 착수하였다.

이 사업기획은 거의 3년 동안 수차에 걸친 검토와 수정을 거치며 1983년에 본격적인 투자가 시작되었다.

반도체사업을 위하여 약 4,000억원, 퍼스널컴퓨터 사업을 위하여 약 1,000억원, 등 수천억 원의 투자가 일시에 투입되어야했다.

그 당시에 이러한 투자는 삼성그룹의 전체자본과 금융신용의 몇 배가되는 방대한 규모로서 삼성그룹의 존망을 걸어야하는 위험하고도 모험적인 투자였다.

사업계획상의 투자규모는 말할 것도 없고, 국내에 전혀 전례와 경험이 없는 신산업 분야의 경영지식과 기술부족으로 인한 계획의 차질 등으로 제품의 출시지연, 품질과 생산성의 저조로 원가의 상승, 가격경쟁력 확보의 애로 등 극복해야할 문제점의 연속이었다.

그런데 더 큰 문제는 이러한 방대한 투자로 인하여 삼성그룹도 금융신용의 한계를 넘어서게 된 것이다.

그 당시에 이미 정부는 기업의 신용관리와 지배구조 개선을 위하여 공정거래위원회, 금융감독원, 증권감독원 등을 통하여 5대재벌, 10대재벌, 50대 재벌 등 등급을 정하고, 개별기업 및 그룹전체의 여신한도를 정하여 금융차입을 규제하였고, 그룹 내 관계 회사 간에 상호 순환투자를 금지하고 감독을 강화하고 있었다.

이에 따라 그룹 관계사들 간에 신규사업에 대한 상호 출자와 재정보증, 금융 차입에 막대한 애로사항이 발생하게 되고, 사업추진에 가장 큰 문제점이 되었다.

이러한 막대한 자금이 소요되고, 최첨단기술과 경영노하우를 필요로 하는 정보산업 투자에서 발생하는 애로와 장애를 극복하지 못하였다면, 지금의 삼성그룹은 존재할 수가 없었을 것이며, 정보산업 분야에서 삼성의 도전과 리더십이 없었다면 대한민국의 오늘의 정보산업도 이루어질 수 없었을 것이라고 감히 말할 수가 있다.

나는 오늘의 삼성과 한국의 정보산업은 이병철 회장의 미래에 대한 혜안, 끊임없는 탐구, 탁월한 리더십, 그리고 삼성의 관리능력과 인재들의 도전정신이 큰 역할을 하였다고 생각한다.

그 당시 일반적으로 삼성은 다른 기업들에 비하여 모험보다는 안전을 취하는 기업으로 인식되고 있었는데, 그 조직 안에서 일을 했던 본인은 그 인식이 잘못되어 있었다고 말할 수 있을 뿐만 아니라, 절대로 동의할 수 없는 잘못된 평가라고 말할 수 있다.

삼성은 이후에도 경영자들뿐만 아니라 직원들을 포함한 조직전체가 끊임없는 도전을 통하여 오늘의 삼성으로 발전시켰고, 국가경제를 도약 시키는 원동력이 되었던 것이다..

삼성은 모험을 두려워하는 것이 아니고 무모한 만용을 자제할 뿐이다. 단 도전의 목표가 정해지면, 반드시 성공할 수 있도록 철저히 준비하고 결전에 나선다는 것이다.

국내에서 전례가 없는 최초의 사업에 진출할 때는 사내에서 수년간 세계시장을 조사하고 많은 시간과 투자를 통하여 작성한 사업계획을 가장 강한 경쟁기업의 최고경영자에게 알려주고, 그 사업계획서를 전달하여 함께 사업을 추진할 것을 권유한다.

그 이유는 경쟁자와 함께 기술시장에서 경쟁을 하며 경영능력과 기술을 배양하고, 시장을 개척하며 힘을 키운 다음 세계시장에서 경쟁하기 위한 것이다.

이 또한 도전한 사업을 성공시키기 위하여 스스로 경쟁자를 만들어내는 적극적인 경영전략이기 때문이다.

이러한 장, 단기적인 일련의 경영전략은 강한 도전정신과 용기가 없이는 불가능한 일들이었다.

삼성전자 컴퓨터사업부

삼성전자 컴퓨터사업본부에 부임을 한 필자는 소프트웨어부문과 국내 영업을 담당하였고, 이 이사는 수출과 관리부문을 담당하였다.

주 이사는 기술개발을 담당하고, 임 부장은 계측기사업부를, 그리고 생산을 담당하는 이 부장이 있었다.

이렇게 컴퓨터사업본부는 컴퓨터사업부, 계측기사업부, 공장, 소프트웨어와 국내영업, 수출 등의 기능을 3명의 이사와 2명의 이사급 부장이 분담하여 담당을 하였다.

필자는 오전에는 수원공장에서 전자전체의 임원회의, 컴퓨터사업부의 제품개발회의와 생산회의를 주로하고, 오후 3시부터는 강남역 부근에 있는 기남빌딩에서 국내영업과 소프트웨어 개발관련 업무를 관리하고, 저녁때는 서소문 삼성 본관 25층에 있는 비서실에서 사업기획회의를 하는 일과가 계속되었다.

대외적으로는 제품출시와 맞추어서 컴퓨터전문 대리점과 A/S 조직을 구축하고, 소프트웨어개발 협력업체 발굴하면서, 정부 관련기관과는 국내 시장개척을 위한 정책협의와 홍보, 인식 확산 등을 위한 행사를 계속해야 했다.

1983년에 컴퓨터사업부의 경영진은 컴퓨터를 개발하면서, 년간 100만대의 공장을 건설하고, 1,700 여명의 인력을 확보하면서, 컴퓨터에 탑재할 소프트웨어 개발을 하고, 40여개의 전국 대리점 및 A/S망을 구축하고, 수출을 위한 주문확보를 해야 하고, 이에 투자할 자금의 조달을 하여야했다.

짧은 기간에 구축된 조직에 기술, 판매, 관리부문의 직원 약 700명, 생산직 사원 약 1,000명 등 1,700명 직원이 몇 개월 사이에 충원이 되었으므로, 조직의 효율성과 안정성을 확보하기 위한 교육훈련을 계속 하여야만 했다.

그룹 차원의 사업혁신을 추진하는 것이므로 반도체와 컴퓨터 사업부문은 거의 주 1회 정도 회장실에서 사업추진에 대한 보고회의를 했었다.

비서실 기획팀, 운영팀, 경영분석팀, 재무팀, 인사팀 등과는 거의 매일 회의를 해야 했다.

수원공장에서는 월 1회 아침 7시부터 삼성전자 사업부장급 이상의 임원들이 모두 참여하는 경영회의가 열린다. 이 회의는 점심식사를 회의장에서 하며 오후까지 계속된다. 홍진기 회장과 정재은 사장이 회의를 주재하고 40여개 사업부와 관리본부, 연구소 등 지원부서의 임원까지 약 60~70명이 각 부문별 경영실적 보고를 하고 토의를 하기 때문에 주문한 도시락으로 회의장에서 점심을 먹으며 하루 내내 회의를 하여야만 했다.

그리고 컴퓨터사업부 내에서는 기술회의, 제품개발회의, 생산회의, 판매회의, 판촉회의, 수출전략회의, 원부자재조달회의, 경영회의 등 지금 그 이름을 일일이 기억할 수 없는 회의가 매일 매시간 계속되고 있었다. 회의로 시작해서 회의로 끝나는 매일이 계속되고 있었다. 마치 경영진이 하는 일은 회의를 하는 것인가 하고 착각을 할 정도였다.

그래도 그 회의를 하지 않을 수가 없었다. 사업부 내에만 부장급이 30~40명이 있었고 그 부장들이 각자 업무를 분담하고 있었으며, 이 분담된 기능을 공동의 목표를 위하여 하나의 시스템으로 작동하게 하기위해서는 회의를 할 수 밖에 없었다.

그래도 그 회의에는 하나의 원칙이 있었다.

회의장 안에서는 어떤 의견이라도 발표할 수 있다.

상대의 의견을 공격하거나 비방하지 않고 경청한다.

최종의 결정은 의사결정권자가 한다.

결정된 사항은 자신의 의견과 다르더라도 이의 없이 시행한다.

회의장 밖에서 회의 결과에 대하여 불평하지 않는다.

이렇게 컴퓨터사업부는 탄생하고 초기의 진통을 겪으며 그 기능이 정상화되어갔고, 후일에 세계제일의 정보산업 제품들을 개발, 생산하여, 그 후배들이 세계를 누비게 되었다.

SPC1000

컴퓨터사업부는 1983년부터 8Bit 퍼스널컴퓨터를 개발하기위하여 모든 역량을 투입하고 있었다.

기술진을 일본과 미국의 연구소에 파견하여 기술습득과 훈련을 하도록 하고, 그들이 가지고 온 컴퓨터 회로도면과, 구입한 샘플(Sample) 기계들을 해체하여 대조를 하면서 삼성의 컴퓨터를 설계하기위하여 혼신의 노력을 하고 있었다.

우리의 기술진들은 기술을 획득하기 위하여 파견되었던 일본, 미국 등의 기업들의 연구소 내에서 출입이 금지된 곳을 출입하다가 말할 수 없는 모욕을 당하기도 하고, 그들 연구소의 기술자들이 작성하다 버린 도면을 가지고 와 다리미로 펴서 사용하기도 하면서 정상적인 컴퓨터 회로 도면을 만들어내기 위하여 밤낮을 지새워야만 했다.

국내에서는 그 당시 구미에 있었던 전자통신연구소(KETRI)와 협력을 하며 기술개발에 박차를 가하고 있었다.

그때 그 연구소를 방문하여 퍼스널컴퓨터 개발담당 연구원이었던 오박사를 만나서 많은 조언을 듣기도하였다.

다른 한편으로는 일본의 아끼아바라 시장을 뒤지며 조금이라도 도움이 될 수 있는 정보를 얻기 위하여 노력하였다.

공장은 가격 경쟁력을 갖추기 위하여 년산 100만대의 시설을 하고 있었다.

국내외 시장조사를 계속하며 국내는 판매유통을 위하여 1년 동안 40개 이상의 대리점을 매주 평균 1개 대리점씩 개설해야했고, 해외 수출을 위하여 수십 명의 바이어를 통신수단과 출장으로 접촉을 하여 상담을 하여야 했다.

한편으로는 컴퓨터가 생산되면 사용할 애플리케이션 소프트웨어와 콘텐트를 확보하기위하여 개발자와 협력할 회사를 찾아다녀야했다.

컴퓨터의 외형디자인을 위하여 수십 차의 내부품평회를 하였다.

광고를 하기위하여 신문의 지면과 방송시간 확보전쟁을 하여야했다.

기술진은 수십 명이 수원 삼성전자공장 컴퓨터사업본부 개발실에서 야전 침대를 설치하고 주야를 가리지 않으며 1년 가까이 노력을 하였다.

OS는 무엇을 선택하여야 미래의 퍼스널컴퓨터의 시장에 적합할 것인가를 놓고 수없이 많은 회의를 하고 또 고민을 하였다.

Micro Soft의 MS-OS를 탑재할 것인가? 아니면 Apple로 할 것인가? 그것도 아니면 일본의 OS를 탑재할 것인가?

수많은 고민과 검토 끝에 우리는 MS-OS를 선택하였고, 결과 적으로 최선의 선택이 되었다.

기능과 성능을 개선하고 품질을 확보하기위하여, 외장과 부품의 결정을 위하여, 생산성 향상과 원가의 절감을 위하여, 자재의 선택과 가격을 결정하기위하여, 수많은 회의를 계속하였다.

컴퓨터를 생산하기위해서는 소프트웨어는 물론이고 하드웨어 부문에서도 전기, 전자, 금형, 도금 등의 기술이 복합적으로 융합된 기술에 의하여 그 최종기능과 품질이 결정된다.

삼성컴퓨터의 최종품질을 확보하기위하여 부품을 납품하는 협력업체를 수도 없이 방문하여 기술을 전수하고 품질을 관리하고, 교육과 훈련을 지원하고, 원가의 절감과 생산성 향상을 위한 경영지원은 물론이고 자금의 지원까지 하여야했다.

이렇게 하여 대한민국의 첫 국산 퍼스널컴퓨터를 개발, 생산하게 된다.

그 최초의 컴퓨터의 이름은 "SPC1000"이었다.

SAMSUNG Personal Computer의 이니셜과 Model Number 1000 이라는 뜻이다.

그때의 SPC는 SAMSUNG Pioneer Computer의 의미도 내포하고 있는 것이었다.

이 컴퓨터의 탄생을 위하여 컴퓨터사업본부는 1,000억 원의 투자를 하였다.

이 과정에서 가장 큰 문제와 애로사항은 경영진에게 있었다.

막대한 자금과 인력을 동원하여 새로운 산업에 도전하는 경영진이 이 분야의 지식과 경험에서 일천하였다는 것이다.

경영진의 부족한 지식과 일천한 경험은 방향의 제시는 물론이고, 매사의 의사결정에서 망설이거나 불확실하였기 때문에 조직이 방황할 수밖에 없었다.

이러한 부족함을 메우기 위하여 많은 자료를 수집하고 공부를 하며, 회의와 토의를 반복할 수밖에 없었다.

이러한 문제와 애로를 극복하면서 국산 최초의 컴퓨터가 탄생하였고, 그것이 "SPC1000 Serial No. 1"이었다.

이 "SPC1000"의 개발은 반도체개발과 함께 후일 한국의 정보통신기술의 기초를 확립하는 계기가 되는 것이다.

SPC1000은 다음에 교육용 저가 모델로 SPC500이라는 자매제품을 탄생시키기도 하고 기능이 개선된 SPC1100으로 발전하기도 하면서, 변신을 거듭하여 1984년에는 16bit 프로세서를 장착한 SPC2000을 탄생시켰다.

더 작게, 더 강하게

이러한 노력을 통하여 반도체는 더 작으면서 기억용량이 기하급수적으로 증가하고, 회로기판(PCB: Printed Circuit Board)은 2중 3중의 중복 기판을 만드는 기술이 개발되고, 전력공급장치(Power Supplier)를 비롯하여 각종 부품이 소형화되는 등 제조기술이 발전을 거듭하였다.

이에 따라 개인용 컴퓨터는 데스크톱에서 포터블로 그리고 노트북을 거쳐 팜플렛 형태로 변천과 발전을 하면서 핸드폰을 탄생시키는 결과를 낳게 되었으며, 지금도 그 진화는 계속되고 있어서 예측을 불허하게 되었다.

품질검사

한국이 최초로 개발한 퍼스널컴퓨터 SPC1000은 컴퓨터 CPU를 포함한 회로기판과 키보드가 일체형으로 되어있었고, 운영시스템(OperatIng System)은 마이크로소프트의 MS-OS를 장착하였고, 모니터는 컬러 TV를 사용할 수 있게 되어있는 것이었다.

삼성전자 컴퓨터사업부는 기술, 생산, 판매경쟁만이 아니라 컴퓨터 생산계획에 맞추어서 금성사와 홍보 판촉경쟁을 치열하게 하며 4대 일간지와 2대 경제지를 포함하여 라디오 방송과 TV에 광고를 연일 쏟아냈다.

항간에서는 삼성전자와 금성사의 이러한 경쟁을 별들의 전쟁이라고 불렀다.

지금은 금성사가 LG전자로 이름이 바뀌어서 그 경쟁의 스릴이 감소한듯하여 한편으로는 아쉽기도 하다.

홍보팀은 이들 대형 언론들의 광고를 예약하느라 연일 쫓기고 있었다.

금성사는 물론이고 대우 등과도 광고경쟁을 하여야하였기 때문이다.

심지어 광고 준비가 되어있지 않아도 경쟁사의 홍보활동을 견제하기 위하여 신문지면과 공중파 시간을 무조건 미리 예약하고, 광고할 내용을 다음에 준비하느라 허덕이기도 하였다.

아이러니하게도 어느 회사도 제품을 출하하지 못하고 있기 때문에 홍보를 통한 브랜드 경쟁이 더 치열하였다고 할 수도 있었다.

어떤 때는 컴퓨터의 모형을 그림으로 스케치하여 광고를 하기도 했다.

한번은 우리의 광고 시안이 그대로 경쟁사의 이름으로 바뀌어 먼저 신문광고에 실려서 회사가 온통 난리가 난 적도 있었다.

경쟁은 이 홍보에만 있는 것은 아니다.

회사는 물론이고 사업본부 차원에서도 경쟁사의 모든 정보를 파악해야하는 것은 물론이고, 특히 홍보팀은 경쟁사의 모든 상황을 항시 주시하고 관찰하여 파악한 정보를 전략회의에서 제일 먼저 보고를 하여야했다.

이렇게 제품이 나오기도 전에 홍보와 판촉경쟁을 치열하게 하고, 대리점을 40개나 개설을 하며 영업활동 또한 치열하게 경쟁하다보니 제품이 생산되기 전에 수주가 이루어지고 있었다.

그러나 전혀 기술도 경험도 없는 상태에서 제품개발과 공장건설을 하면서 제품생산을 하는 과정에서, 대리점 및 소비자와 약속한 제품공급 일자가 많이 빗나갈 수밖에 없었다.

제품공급과 관련하여 시장에서는 그 독촉이 빗발치고 있었다.

대리점과 소비자들의 독촉에 연일 시달리며, 경쟁사와 시장선점을 위하여 출하를 먼저 하여야하는 영업부문은 개발에 성공하였다는 개발부의 보고를 접하고 마음은 더 조급하여서 하루가 여삼추(如三秋)가 되어 제품생산을 학수고대하며 기다리게 되었다.

이러한 혼란과 우여곡절 끝에 첫 생산된 SPC1000들이 드디어 생산라인을 거쳐서 검사대에서 마지막 품질검사를 받게 되었다.

별도의 전용 모니터가 없이 컬러TV를 모니터로 사용하게 설계가 되어있었다.

생산된 SPC1000에 컬러TV를 연결하고 컴퓨터작동을 시작하였다.

컴퓨터의 기능은 개발실에서 설계한대로 작동이 되었고, 한글도 정상으로 작동이 되었다.

그런데 다른 곳에서 문제가 발생하였다.

TV의 해상도 때문에 화면의 글자들이 일반인에게는 잘 인식되지 않았지만, 전문 기술적 기준에서는 약간 번지는 현상이 나타나는 것이었다.

이 점을 품질관리팀에서 지적하고 제품의 출하를 허락하지 않는 것이었다.

영업팀은 그동안 대리점 및 다량 구매처에서 목마르게 기다리며 아우성에 가까울 정도로 제품의 공급을 요구하고 있고, 심지어 계약위반이라고 주장을 하며 변상까지 요구하고 있으니 일단 출하를 하자는 것이었다.

그러나 품질관리팀은 삼성의 기업이미지에 손상을 주고, 반품의 염려가 있는 제품에 대하여 절대로 품질합격 승인을 할 수 없다는 입장이었다.

이 문제를 가지고 영업팀과 개발팀 그리고 품질팀은 약 10여일을 회의를 반복하며 연구를 하고 갑론을박을 하였으나 결론을 낼 수가 없었다.

 시장에서는 당장 출하를 요구하고 있어서 영업팀은 제품출하를 강력히 주장하고 있었고, 품질관리팀은 삼성의 품질관리 원칙에 입각해서 절대로 출하 동의를 할 수 없다는 주장이었고, 개발팀은 TV사업부의 기술문제라 컴퓨터 쪽에서 어떻게 할 방법이 없다는 것이었다.

 전체 부장회의를 하여도 의견이 갈리고 주장이 팽팽하여 결론을 얻을 수가 없었다.

 더욱이 컴퓨터는 컴퓨터사업본부에서 개발을 하였고, TV는 TV사업부에서 만들어졌다.

 때문에 원천기술과 사용하는 부품에서 두 제품 간에 현격한 차이가 있을 뿐만 아니라, TV의 해상도를 컴퓨터 수준에 맞추는 것은 TV 측면에서 보면 불요불급한 성능향상이며 동시에 원가의 상승을 초래하게 될 뿐만 아니라, 아날로그로 되어있는 TV 측에서는 기술상으로도 불가능에 가까운 것이었다.

 그러므로 그 기능과 성능의 수준을 조정하는 것이 하루 이틀에 해결될 문제가 아니었다.

 또 그 문제를 어느 사업부에서 해결할 수 있는 것인지도 결론을 내리기 힘든 상황이었다.

 그렇다고 컴퓨터사업부가 지금부터 SPC1000을 위한 전용디스플레이를 자체적으로 개발한다는 것 또한 간단한 일이 아니었다.

 그러니 이 문제를 기술적 관리적 차원에서 해결하려면 몇 개월 또는 수년이 걸려야만할 것은 명확한 일이었다.

2년 가까이 걸려 개발한 이 제품을 거의 다시 개발해야하는 상황이 된 것이다.

더욱이 그 당시에는 한국 최초의 첨단기술 제품으로써 품질평가 항목과 그 기준이 연구된 바가 없었다.

그러니 품질관리팀에서도 기술팀에 요구하는 품질문제의 항목이 무엇이며, 어떤 수준에서 미달인지 구체적 기술적으로 문제를 제시하지 못하고 있었다.

그렇다고 소비자에게 IBM사에 OEM으로 수출하고 있는 모니터를 구매해서 사용하도록 권유할 수도 없었다.

그 모니터의 값이 TV보다도 더 고가일 뿐만 아니라, 삼성전자가 임의로 국내시장에 판매할 수 있는 판권이 있는 것도 아니었다.

또한 기존 TV를 가지고 있는 소비자들에게는 별도의 경제적 부담을 주게 됨으로써 시장경쟁에서 불리해지기 때문이다.

그런데 그 당시 삼성그룹의 품질관리는 회장실에서 직접 운영을 하고 있었다.

그래서 삼성의 모든 관계사에 소속되어있는 품질관리팀은 각 관계사에 소속되어있으면서 그 보고와 지시는 회장실에 직접하고 직접 명령을 받아 임무를 수행하는 시스템으로 운영되고 있어서 소속사의 사장도 품질문제는 직접 결론을 내릴 수가 없었다.

품질관리팀에서는 삼성의 품질관리 원칙상 출하 허가를 할 수 없다고 하였다. 기술팀에서는 그 정도면 퍼스널컴퓨터의 기능으로는 문제가 없는 것이라고 주장하며, 무엇을 어떻게 수정하여야하는지를 문서에 의하여 구체적으로 제시하여줄 것을 요구하였다.

시장과 고객으로부터 제품 공급요구는 빗발치듯하고, 처음 당하는 첨단 기술의 문제이다 보니 누구도 의사결정을 할 수 없는 상태였다.

컴퓨터사업본부의 임직원들은 이 문제를 가지고 고민을 거듭하다가 결국 조건부로 출하하는 것으로 품질팀과 합의를 보았다.

그 조건이 좀 어정쩡한 것이었다.

판매 후 발생하는 품질문제에 대하여 국내 영업담당 임원이 책임을 지는 것으로 하고 제품을 출하하기로 하였으며, 결국 내가 그 책임에 대한 각서를 쓰고 SPC1000은 시장에 처음으로 그 모습을 나타내게 된 것이다.

최고의 품질이 삼성의 경영철학의 한 축을 이루고 있다는 것은 널리 알려진 사실이다.

1960년대에 제일모직에서 첫 출하한 제품이 출하하자마자 하자가 발견되어 하룻밤 사이에 그 당시 몇 십억 원에 해당하는 제품이 모두 회수되어 폐기 처리되었던 일을 비롯하여 품질관리와 관련된 사건과 일화가 한두 가지가 아니다.

품질관리는 삼성의 경영에서는 커다란 이슈이고 철학이며 매일의 긴장이었다.

때로는 노이로제 같은 것이었다.

한번은 이병철 회장이 용인 호암박물관 건축이 완공되어 그 곳을 사장들과 함께 시찰을 나가셨다.

현관에 들어서신 회장께서는 물을 가져오게 하여 사장들이 보는 가운데 그 물을 바닥에 붓도록 하셨다.

그 물이 고르게 퍼지지 않고 약간 한쪽으로 흐르는 현상이 발생하였다.

즉, 바닥의 수평이 제대로 잡히지 않은 것이다.

회장께서는 바닥공사를 다시 하도록 지시하셨다.

사람의 눈으로는 분별이 안 될 정도로 깔끔하게 완공된 건물을 물이 고르게 퍼지지 않는다고 하여 많은 돈을 들여 대리석 바닥을 깨고 다시 공사를 하여야만하였다.

회장께서는 사장단에 무슨 메시지를 보내고자 하셨겠는가?

그런데 이런 삼성의 경영방침 속에서 1983년 삼성전자 컴퓨터사업본부에서 품질과 관련하여 이러한 일이 있었던 것이다.

각서를 쓰고 서명을 했던 나 자신도 그 당위성과 타당성을 지금도 납득할 수가 없다.

그저 다급한 마음에서 이런 어처구니없는 타협과 행동이 이루어졌던 것이다.

만약의 경우에는 그 모든 책임에 대한 회사의 처벌을 감내할 각오를 하고 그러한 결정을 하였던 것이다.

이것은 물론 조직의 방침과 원칙을 어기는 행위였던 것이었으며, 나의 각서가 품질문제에 대하여 어떠한 대책도 변명도 될 수는 없었던 것이었다.

그렇게 해야만 모든 사람들의 이해와 책임을 조율하는 명분이 될 수 있을 뿐이었다.

그 결과가 경영의 현실적 이해득실이 어떻게 되었던, 이것은 잘못된 판단이었다고 생각한다.

비록 그 결과가 잘못되지 않았다고 하더라도, 이러한 행위는 삼성의 경영철학과 품질관리 원칙에 맞지 않는 행위였기 때문이다.

그 근본적인 해결방안을 찾기 위하여 우리는 더 고민을 했어야했다.

그 당시 SPC1000과 품질문제에 관한 일이지만 이만큼 삼성에서의 품질은 제품의 품질만이 아니라, 관리의 품질, 경영의 품질에 걸쳐 항상 긴장해야 되는 원칙이고 과제였다.

이러한 기술, 제품, 관리, 경영 등 모든 분야에서의 품질관리 기술과 노하우는 후일 삼성이 한국에서 유일하게 반도체사업에서 성공하고 세계를 제패할 수 있게 하는 원동력이 되었던 것이다.

첨단 정밀산업에서 개발생산을 위한 기본기술을 확보하여야하지만, 경제성 있는 제품 생산을 위해서는 품질관리 능력을 갖추어야한다.

반도체 같은 최첨단 제품개발에서 기본기술을 습득하여 제품을 생산할 수 있는데 걸리는 시간보다, 기본기술에서 성공을 한 후에도 제품의 수율(yield)을 경제성이 있는 수준까지 끌어올리기 위하여 품질관리 능력을 확보하는 시간이 더 걸린다.

삼성은 오랜 시간동안 철저한 품질관리문화가 전 조직에 뿌리내리어 자리 잡고 있었기 때문에 최첨단 정밀산업인 반도체산업에서 성공할 수 있었고, 정보산업 부문에서 세계적인 기업이 될 수 있었다고 생각한다.

요즈음 삼성 스마트폰의 품질문제로 인한 막대한 경영손실과 삼성의 브랜드 명성의 실추를 보면서, 이해가 잘 안되고 안타까운 생각이 들 뿐만 아니라 마음이 아프다.

삼성과 이병철 회장님

오늘날 삼성은 대한민국 내에서 최고의 기업브랜드를 가지고 있을 뿐만 아니라 세계적으로 최고의 반열에 올라있는 기업이 되어있다.

1980년대부터 국가 총 GDP의 10% 이상을 기여하는 국가차원의 기업이었고, 지금은 세계의 기업이 되어 전 세계 인류에게 기여하는 기업이 되어있다.

지금도 여러 외국을 다니며 기업 활동을 계속하고 있는 나로서는 외국의 구석구석까지 "SAMSUNG"이라는 이름의 간판과 네온사인을 볼 때는 내가 대한민국 국민임을 다시 인식하고, 또 자랑스러움을 느끼고는 한다.

그 외에도 "LG"와 "HYUNDAI"는 "SAMSUNG"과 함께 대한민국을 대표하는 브랜드가 되어있고, 세계 곳곳에서 그 이름을 바라보는 대한민국 국민의 긍지가 되어있다.

이러한 국가기업 세계기업을 만드는 가운데에는 높은 이념과 목적을 향한 강한 집념과 탁월한 리더십을 가진 위인들이 있었다.

우리는 그분들을 기억해야한다.

"SAMSUNG"이라는 브랜드가 발하는 명예의 뒤에는, 해방 전에 대구의 삼성상회라는 조그만 쌀가게를 창업하여 부단한 탐구와 도전으로 1980년대에는 삼성그룹으로 발전과 성장을 시키고 80세를 넘긴 고령에도 국가의 미래를 위하여 정보산업개척에 마지막 도전을 하며 1987년 11월 용인 에버랜드의 유택에서 영면하게 됨으로써 일대기를 마감하신 이병철 회장이 있었다.

1983년 한전을 퇴직하고 삼성의 정보산업 시발이 된 조그만 삼성관련 소프트웨어회사인 한국전산주식회사에 입사하여 삼성의 조직문화를 체험하고 10년 후인 1983년에는 삼성전자로 회사를 옮겨 개인용 컴퓨터 개발사업에 참여하면서, 1984년에는 대형 소프트회사인 삼성SDS설립 프로젝트를 겸직하며 이병철 회장님의 경영을 직접 접하게 되었다.

그리고 내가 본 그 분의 일면 중에서 기억에 남는 것을 이곳에 적어본다.

우선 내가 본 그 분의 삶을 한 줄로 요약한다면

"탐구와 도전 그리고 인재양성" 이라고 말하고 싶다.

그분은 주위에 항상 각 분야의 전문가와 학자를 두고 자문을 받았고, 1년에 몇 개월은 일본에 가서 우리보다 앞선 것을 찾고 연구하며 사람들을 만나 경청을 하셨다.

그렇게 하는데 그분은 나이나 직위고하를 가리지 않았다.

일본에서 만난 사람들이 많았지만 예로서 NEC의 고바야시 회장 같은 일본의 원로 경영인과 고견을 나누었는가하면, 그 당시 소프트뱅크라는 아주 작은 회사를 시작한 손정의 같은 젊은 사장도 만나 그의 참신하고 새로운 지식과 의견을 듣기도 하셨다.

그리고 그 소프트뱅크는 지금 세계적인 회사로 성장하였다.

이러한 것을 본인 혼자만 한 것이 아니라, 그런 분들을 고문 등으로 초청하여 그룹 관계임원들에게 소개를 하고 자문을 받고 공부할 수 있도록 하셨고, 본인께서 배운 것을 그룹 임직원들에게 가르치고 전하도록 조치를 하셨다.

내가 이사로 재임하는 기간에 있었던 1980년대의 정보산업에 대한 도전은 삼성그룹 전체의 존망을 거는 모험이었다.

혹자들은 삼성은 안전위주의 경영을 한다거나, 관리중심 경영을 한다고 하였었다.

이것은 삼성의 도전정신을 전혀 이해하지 못하는 오해였다.

1980년대의 정보산업 투자규모는 반도체사업 4천억 원을 비롯하여 컴퓨터, 통신, 소프트웨어, 컴퓨터 주변기기와 부품 사업 등 조 단위를 넘어서는 투자였으며, 이 투자규모는 그 당시 삼성그룹의 전체의 금융신용 한도를 수배나 초과하는 과감한 투자였다.

한 명의 기술자도 없었을 뿐만 아니라, 그 용어자체가 생소하고 이해할 수 없으며, 사전에도 없는 기술용어들이 매일 쏟아지고 있을 때에, 이러한 규모의 투자결심은 모험적 개척자적 도전정신과 용기가 없으면 할 수가 없는 것이다.

최고의 모험적 도전적 결정의 뒤에는 반드시 성공시키기 위한 준비가 철저히 이루어지는 것이 삼성의 경영방식이다.

시간이 걸려도 그 사업을 담당할 인재를 먼저 교육하고 훈련하며 양성하고, 기술 확보방안을 강구하며, 재무적 준비를 완벽하게 한 후에 착수하는 것이다.

즉 모험과 도전을 하되 준비를 철저히 하여 성공을 확보한다는 것이다.

준비 없는 무모한 도전은 만용이 되고, 만용으로 인한 실패는 국가 사회에 막대한 피해를 주게 되는 것이다.

삼성의 인재양성이란 우수한 인재를 선발하기위한 노력도 물론 하지만, 삼성의 인재양성은 선발한 이후에 더 넓고, 깊고, 강하며, 지속적으로 진행된다는 것이다.

이병철 회장 본인의 집무실은 인재교육의 장으로 가장 많이 활용되고, 집무시간은 교육을 위하여 가장 많이 투자했다고 말할 수 있다.

삼성은 우리나라 최초로 용인에 기업 전용의 종합교육연수원을 건립하고, 매년 사장, 임원, 간부, 직원, 신입사원의 교육계획을 수립하여 발표하고, 이 교육에는 이유여하를 불문하고 불참을 용인하지 않았다.

현재도 이만한 교육시설과 체계적인 교육제도를 갖추고 있는 기업은 찾아보기가 어렵다.

모든 일은 인재에 의하여 좌우된다는 것이 삼성의 정신 중에 가장 상위의 가치라고 할 수 있었다.

회장님 자신의 인재양성 이념과 실천 외에도 삼성에는 임원 및 간부의 책임 중에 가장 중요한 책임이 부하에 대한 교육과 훈련으로 되어 있었다.

"부하를 교육시키지 않는 것은 법에 없는 죄를 짓는 것" 이라고 하였다.

"탐구와 도전, 인재양성" 이 그 분의 철학이고 이념이라면 그룹경영 방침인 "흑자경영, 인재제일" 은 그 이념의 실천방안인 것이다.

이병철 회장은 경영인으로써 기업은 그의 삶의 장이고 이 기업을 통하여 그의 철학과 인생을 실현하였던 것이다.

기업의 이익은 생존의 필수조건인 것이다.

이익을 내지 못하는 기업은 생존할 수 없고, 이익을 내지 못하는 경영인은 기업을 죽게 만드는 것이다.

기업이 없는 경영인은 존재할 수도 없고, 아무 것도 실현할 수가 없는 것이다.

그러므로 기업은 이익을 창출하는 것이 그 존재의 필요충분조건인 것이다.

그 당시 혹자는 이 흑자경영이라는 경영방침을 두고 돈 밖에 모르는 것이냐고 하는 우매한 사람들도 있었고, 심지어 이것을 비방하는 언론인도 있었다.

그러나 우리는 이것을 바로 인식할 필요가 있다.

흑자 경영이 실현되어야 기업은 생존을 계속할 수 있고, 인재도 양성할 수 있으며, 사회와 국가에 기여할 수도 있는 것이다.

이익이 실현되어야 원자재를 구매하고, 시설을 보수 유지할 수 있고, 임직원의 급여를 지불하고, 금융신용을 유지하고, 국가에 세금을 내며, 주주들의 투자 이익을 배당할 수 있고, 사회 공익사업을 할 수가 있는 것이다.

이익을 창출하지 못하는 기업은 위의 아무 것도 실행할 수가 없는 죽은 기업이 되는 것이다.

그래서 기업을 통하여 경영자가 경영철학을 실현하고, 그 기업이 사회의 공익에 기여할 수 있는 기업이 되게 하기위한 전제조건은 흑자경영인 것이며, 경영인이 기업을 적자나도록 경영하는 것은 사회에 대하여 죄를 짓는 것이라고 말하였다.

사업을 구상하고 개척하고, 기업을 설립하고 육성 발전시키는 과정의 모든 행위를 경영이라고 정의할 수 있을 것이다.

그렇다면 그 경영의 주체를 이루는 것은 결국 사람인 것이다.

이 경영의 기능을 담당할 능력을 가지고 있는 사람들을 기업 경영의 인재라고 할 수 있다.

기업을 설립하고 육성 발전을 시키는데는 기업내부의 인재도 필요하지만, 그 기업의 사회적 활동을 위하여는 기업외부의 인재들의 협력도 필요한 것이다.

기업은 이러한 기업 내와 외부의 인재를 확보하기위하여 노력하여야 한다.

삼성은 앞에서 말한 바와 같이 기업 내적으로 인재양성을 위하여 그룹의 회장에서부터 일반직원에 이르기까지 그 중요성을 인지하고 교육과 훈련을 위한 조직과 제도를 정립하고 있을 뿐만 아니라 각자가 스스로 연구하고 공부하는 문화가 정립되어있다.

또 외부의 인재들과 끊임없는 교류를 통하여 새로운 지식과 정보를 확보하려고 노력하고, 또 역량 있는 사회인들과 기업 간에 건전한 유대를 위한 시스템을 구축하고 운영하고 있었다.

기업은 그 경제활동을 위하여 원자재를 구매하여 가공하고 부품을 생산하고 조립하여 제품을 만들고, 이를 시장과 소비자에게 공급하여 판매를 하고 투자자금을 회수한다.

이러한 행위의 과정에 인력을 채용하여 교육과 훈련을 시키고 임무를 부여하여 경제가치인 재화를 생산하게 하고, 급여를 지급하고 복리후생을 지원한다.

원료를 구매하고 시설을 확충하며 급료를 지급하기위하여 기업은 금융을 일으키고 그 대가를 지불하며, 화폐를 유통시키며 금융 부가가치 창출에 기여를 한다.

기업은 이렇게 경제활동에서 창출된 부가가치의 일부를 국가에 세금으로 납부하여 국가재정에 기반을 이루게 하며, 국가가 사회 간접자본을 위하여 투자를 할 수 있게 하고 사회복지를 실현할 수 있게 한다.

이익을 기업에 투자한 자본에 그 대가로 지불하여 자본시장의 순환을 원활하게 함으로써 기업과 투자자의 관계를 항상 발전시켜서 사회자본이 경제가치 창출에 생산적으로 운영될 수 있게 하고, 기업내 이익 유보를 통하여 기술 및 신사업에 확대투자를 하게함으로써 보다 윤택한 미래를 만들어가는 기능을 하게 된다.

이러한 원자재 확보에서 미래를 위한 발전적 투자에 이르기까지 기업이 계속적인 경제활동을 하며 성장 발전한다는 그 전체과정이 사업보국이고 사회공익의 기능을 하는 행위인 것이다.

이병철 회장의 경영인으로써 명언과 일화는 한두 가지가 아니고 수도 없이 많이 있지만, 내가 기억하고 좋아하는 것들을 몇 가지 적어본다.

기업의 경영은 보다 좋은 제품을 보다 싸게 만드는 것이다.

기업의 사회기여의 제일은 고용확대이다.

고장 난 기계는 자신만 고장이 나지만, 고장 난 사람은 옆 사람도 고장 나게 한다.

저질의 인간은 양질의 인재를 추출한다.

최선을 다한 사람에게는 실패에 대한 책임을 묻지 않는다.

거짓말과 허위보고는 회사를 망친다.

부하를 가르치지 않는 상사는 부하에게 법에 없는 죄를 짓는 것이다.

삼성문화를 대표하는 것들,

품질은 회장이 직접 관리한다. 품질관리팀은 회장실 직속이었다.

삼성에는 일찍부터 노조의 역할을 대신하는 사우회가 운영되고 있었고, 직원의 복지사업을 할 수 있도록 많은 지원을 하고 있었다. 사우회는 기업이 스스로 운영할 수 있는 노조대체조직이었다.

회장의 업무일지 보고, 회장은 일본출장 시에 본인의 업무일지와 경비사용 내역을 비서에게 작성하게 하여 그것을 비서실장에게 제출하였다.

직원은 회사의 임무를 책임지게 하고, 직원의 가정경제는 회사가 책임진다.

임원들은 회사 경영에 전념하도록 하고, 외부의 협회 같은 조직의 활동을 위한 회장직 같은 것은 장려하지 않았다.

비서실 운영

삼성의 비서실은 내가 판단하기에 다른 그룹의 비서실과는 다른 특징을 가지고 있었다.

비서실의 담당 임원들은 신규 사업을 추진할 때 사업담당 임원과 함께 기획, 분석평가, 재무, 인사 등에 대하여 책임을 지고 협력하는 조직이었다.

사업의 차질이 생겼을 때는 함께 원인을 분석하고 대책을 새우며 책임을 지는 역할을 하였다.

회장의 삼대 경영방침과 투명경영 품질경영이 현장에서 실행되고 있는지를 항상 확인하고 관리하는 기능을 하고 있었다.

이병철 회장은 1980년, 80세의 고령에도 국가의 미래를 위하여 정보산업에 대한 새로운 도전을 결심하고 삼성그룹 전체의 명운을 거는 용기로 투자를 시작하였다.

1987년 도전에 대한 미완성 속에서 운명하기 한 달 전에 반도체를 비롯한 신규 사업현장을 돌아보시고 병원에 입원을 하시었다.

운명을 감지한 그분의 고뇌를 보통사람으로는 헤아릴 수가 없을 것이다.

그 한 달 후 그 분은 수많은 영욕과 함께 파란만장한 일생을 마감하셨다.

그분의 한국사회를 위한 업적은 삼성그룹이라는 사업적업적보다, 삼성그룹을 통하여 배출한 인재양성이 더 높고 큰 것이었다.

그분에게서 우리는 경영보다 삶의 철학을 배워야한다.

40여년이 지나간 지금 기념품으로 받았던 "無限探求"라는 글귀가 새겨진 도자기 필통을 앞에 놓고, 잠시 그분을 옆에서 지켜볼 수 있었던 기억을 되짚어 보았다.

회장님의 경영회의

10년 전인 1973년도에 잠시 현대조선에 몸담고 있을 때 나는 정주영 회장님을 약 4개월 정도 직접 뵈면서 기업경영과 경영자에 대하여 새로운 것을 배우고 깨달을 수 있는 기회가 있었다.

그리고 10년 후인 1983년에 삼성전자 컴퓨터사업본부에 부임을 하면서 이병철 회장님을 약 5년 정도 직접 뵙고 보고도 하고 지시도 받을 수 있는 행운을 얻을 수 있었다.

국산 퍼스널컴퓨터 개발사업과 소프트웨어회사설립 프로젝트를 연이어 맡으면서 약 2년간은 한 달에 2회 정도 회장실에서 사업기획 및 사업 추진보고 회의가 있었다.

이 회의를 통하여 회장님의 기업경영철학과 이념, 그리고 경영에 대하여 듣고 깨닫고 배울 수 있었다.

내가 그 분을 평하고 논한다는 것은 외람되고 결례가 될 것이다.

단지 회장님 주제 회의의 모습과 그 회의에서 느끼고 배운 것을 몇 가지 적어보려고 한다.

중요 신규 사업에 대하여는 80세의 고령임에도 주기적으로 회장께서 직접보고를 받으시고 지시를 하시는 것이 일상적이었다.

정보산업분야 회의를 할 때는 삼성반도체통신과 삼성전자컴퓨터사업본부 임원이 대부분 공동으로 회의에 참석을 하였다.

회의가 있을 때는 비서실에서 미리 참석대상 임원들에게 통지를 한다.

통지를 받은 임원들은 회의가 있는 날 11시에 미리 삼성본관 25층에 있는 비서실에 모이게 된다.

그리고 12시가 될 때까지 대기실에서 기다리며 준비를 한다.

회의에서 회장님의 질문이 예상되는 사항들을 사전에 점검하고 암기를 하느라 분주하다.

대개 기획하고 있는 사업의 시장정보와 투자규모, 기대이익과 사회기여도, 제품의 원가구성, 기술확보와 개발대책, 제품기획, 공장건설의 진척사항, 인재의 확보계획, 교육훈련 계획, 경쟁사 동향, 자금 확보현황 등을 국내외적으로 그리고 계량적으로 파악하고 있어야한다.

이러한 상황에 대하여 담당 임원들은 순서에 따라 간략하고 집약적으로 보고를 하여야 하고, 그에 대한 질문이 있을 때에 대부분 계량적으로 대답을 하여야한다.

그러니 사업담당 임원들은 이 큰 규모의 사업들을 항상 A4 용지 3~4 페이지로 요약하여 계량적으로 암기를 하고, 그렇게 보고를 하여야 한다.

그래서 회의 1시간 전에 대기실에 도착한 회의참석임원들은 회장님에게 보고하고, 질문에 답하기 위하여 본인이 담당한 사업의 자료들을 암기하고 또 암기를 한다.

이 암기자료들은 각 사업부의 총무과나 관리과에서 임원을 위하여 만들어서 그것을 축소, 복사한 다음 삼성그룹의 임원수첩에 붙여가지고 항상 지참하고 다니는 것이었다.

마치 중, 고등학교 학생들의 중요 공식이나 단어를 요약한 노트와 같은 것이었다.

이러한 모습은 중요한 시험을 보러간 학생들처럼 잔뜩 긴장을 하고 한자라도 한번이라도 더 외우기 위하여 다른 것은 생각할 겨를이 없다.

컴퓨터사업부에는 3명의 40살 전후의 동년배 임원들이 개인용 컴퓨터를 개발하고 그것을 년간 100만대씩 판매 및 수출을 해야 하는 임무를 부여받았으며, 또 1984년부터 별도로 소프트웨어 전문회사설립 임무를 맡아 겸직을 하게 된 나도 역시 세계시장의 동향과 그 규모 그리고 유명회사들의 시장점유율, 제품제조원가 및 재료비와 인건비, 투자와 고용효과, 인재확보와 교육훈련계획, 요소기술과 기술획득 및 개발, 제품 개발계획과 그 개발현황, 정보산업 기술의 미래전망 등 여러 항목에 대한 동향과 그 계량적 숫자를 머릿속에 집어넣고, 보고 시에는 아주 간략하게 해야 하고, 질문을 받았을 때에는 요점을 숫자로 명확하게 답할 수 있도록 하기위하여 그 암기를 열심히 하였다.

40, 50대 이상의 임원들 약 10명 정도가 회의를 시작하기 전에 대기실에서 이런 모습으로 긴장하고 있는 상황을 상상하여보라.

엄정하기도 하고, 딱하기도 하고, 좀 창피한 모습이기도 하지 않는가?!

삼성본관 25층은 회장실, 이건희 부회장실, 약 300명 정도의 비서실,

회의실, 몇 개의 고문실과 약 20명 정도가 참석할 수 있는 회장님 전용식당 등으로 구성되어 있었다.

11시 30분 정도가 되면 그날 회의에 참석할 임원들은 회장님 전용식당으로 옮겨 먼저 자리를 잡고 회장단의 입장을 기다린다.

이때 참석하는 회장단은 이병철 회장, 홍진기 회장, 이건희 부회장, 소병해 비서실장 등이 거의 고정적으로 참석을 한다.

회장단이 한쪽 편에 자리를 하고 그 좌우와 맞은편에 그날 참석한 10명 전, 후의 임원들이 횡으로 자리를 하게 된다.

이 회장님 전용식당에서 하게 되는 음식은 삼계탕, 비빔밥, 우동, 메밀국수, 초밥, 자장면, 곰탕 등 조촐하면서 깔끔한 음식 중에 하나가 선택된다.

이 음식들은 결코 화려하거나 기름지며 비싼 음식이 아니었다.

그냥 조촐하고 정갈하며 단순하면서 특유의 맛을 가진 음식들이었다.

회장단이 입장하여 자리를 하게 되면 위의 메뉴 중에서 그날 정해진 음식이 일률적으로 참석자들 앞에 놓여진다.

그리고 식사와 함께 간단한 대화가 이어지는데 대부분 이병철 회장님의 질문과 해당 임원의 대답으로 이루어진다.

회장께서는 아주 짧고 조용한 음성으로 질문을 하시고, 질문을 할 때 상대는 모두 이군 김군 박군 식으로 호칭이 되기 때문에 귀를 확 열어놓고 주의하지 않으면 누구에게 질문을 하는지 모르고 대답을 놓치거나 엉뚱한 대답을 하는 경우가 가끔 발생하여 핀잔을 듣는 때도 있었다.

초임 임원이 처음 참석하게 되면 비서실 선배 임원에게서 어법과 호칭 및 식사에 대한 예법, 주의할 사항, 복장 등과 식사 및 회의 분위기에 대하여 비공식 오리엔테이션을 받게 된다.

질문에 대하여는 적당한 대답을 하거나 거짓 보고를 하는 것은 절대 금물이다.

이러한 보고를 하는 것은 직을 떠날 각오를 하여야 한다.

모르면 아직 공부를 못했다 거나, 잊었다고 솔직하게 대답해야하는 것이다.

회장님의 질문은 아주 낮고 조용한 음성으로 "이군 그거 어떻게 되었나?" 하는 식이다.

그 음성이 얼마나 낮은지 식탁 끝에 앉아있는 신임 임원은 잘 알아들을 수가 없을 때가 있으며, 그 회의 참석자 중에서 이씨 성을 가진 사람이 2명 이상 있을 수도 있는 것이다.

그런데 잘못 인식하고 회장님이 지정하지 않는 사람이 대답을 하면 두 사람이 다 핀잔을 듣게 된다.

두 사람 모두 집중하지 않았다는 결과가 된다.

회장님의 얼굴을 바로 쳐다보는 것도 결례가 된다.

넥타이의 중간 위치를 바라보는 것이 그 회의에서 회장님에 대한 예의로 되어있다.

회장님께 보고를 할 때 보고자가 회장님 외의 자기 상사를 호칭할 때는 "사장님께서 지시 하시기를"과 같이 호칭을 하면 결례이다. 회장님이 더 웃어른이시기 때문에 "님"자를 빼고 "사장께서 지시하기를"과 같이 호칭을 하여야하는 것이다.

이와 같이 그 회의는 사회예절에서부터, 조직예절, 식사예절, 복장예절, 어법예절 그리고 보고 방법, 태도 등에 대하여 배우고 훈련을 받게 되고 삼성문화를 만들어가는 진원지가 되는 것이다.

그렇기 때문에 그날 식사에 참석하는 임원들은 거의 점심식사를 할 수 없을 정도로 긴장하고 집중하는 것이 정상이다.

식사가 끝나게 되면 회장님 집무실로 옮기게 된다.

회장님 집무실은 삼성본관 25층의 남동쪽에 위치하고, 예술적으로 잘 디자인된 커다란 목재책상이 서쪽에서 동쪽을 바라볼 수 있도록 놓여있으며, 회장님의 집무용 책상 뒤쪽에는 커다란 십장생 그림이 걸려있었다.

집무책상 앞쪽으로 집무실 한 가운데에 회의탁자를 중심으로 양쪽으로 약 10개씩 20여개의 의자가 남쪽에서 북쪽으로 걸쳐 나란히 놓여있고. 남쪽 끝에는 회장께서 사용하시는 의자 양 옆에 보조 탁자세트가 놓여있었으며, 회장님의 신규 사업회의는 이 응접세트에서 늘 진행이 되었다.

이병철 회장께서 남쪽 끝에 놓여있는 자리에 착석을 하시고, 좌우 양쪽에 홍진기 회장과 이건희 부회장이 마주하고 앉고, 그 옆으로 사장 등 고참 임원들이 배석을 하면 이사급 임원들이 그 남은 자리를 차지하고 배석을 하게 되고, 나 같이 젊은 신임 임원들은 회장님으로부터 가장 먼 자리를 차지하게 된다.

그리고 소병해 비서실장 외에 사업과 관련이 있는 비서실 임원들이 뒤에 놓여있는 별도 의자에 배석한다. 비서실 임원들은 경영기획, 경영 분석, 운영, 재무, 인사총무 담당 이사들이 단골 배석을 하였다.

식당에서 회장실로 옮기면 오후 1시가 되고, 그날의 첫판 중앙일보가 회의탁자에 놓여있고, 약 30분 정도 신문기사의 내용을 중심으로 정치 경제사회에 대한 대화가 진행된다.

1시30분이 되면, 정해진 순서에 의하여 신규 사업담당 임원들의 계획과 추진현황에 대한 보고와 회장님의 질문으로 회의가 진행된다.

홍진기 회장은 보고 도중에 담당 임원이 회장의 질문에 너무 긴장하게 되면, 그 긴장을 풀어주기 위하여 지원하는 질문을 가끔씩 하시고, 이건희 부회장은 거의 질문을 안 하시고 듣기만 하는 편이었고, 비서실장은 담당임원이 회장님의 질문에 대하여 잘 이해를 못할 때 도와주고는 하였다.

그런데 이 회의를 참석해본 사람들은 아마도 똑같은 분위기를 느낄 수 있었을 것이다. 이 회의는 사업담당 임원들의 잘못을 지적하고 실패를 질타하는 그런 회의가 아니다. 그 사업을 추진함에 있어서 무엇을 알고 있어야 하고, 무엇이 문제이고, 무엇이 부족한 것이고, 그 대책이 무엇인지를 분석하고 인식하며 대책을 논의하는 그런 회의였다

앞에서 담당 임원들이 질문에 답하기 위하여 대기실에서 반복하여 외우고 하는 항목들은 사업을 성공적으로 추진하기 위하여 그 임원들이 반드시 알아야하는 지식이고 정보이며 경험인 것이다. 그래서 회의에서 부족함을 지적받은 임원은 서적을 읽고 정보를 수집하고 자문을 받으면서 스스로 연구하고 공부하여 세계 최고의 경쟁력 있는 역량을

갖추어야한다. 그리고 현재 그 사업의 문제가 무엇인지를 파악하여 그 대책을 현장과 비서실 그리고 회장이 함께 검토하는 회의였다.

이 회의의 배석한 비서실의 임원들은 각 담당 분야별로 추진사업을 위하여 비서실 즉, 회장실이 어떤 것을 지원해야하며 그들이 어떤 역할을 해야 하는지 숙지하고 지원을 하기위하여 배석을 하는 것이었다.

그래서 이 회의에서는 현장의 모든 문제가 솔직하고 투명하며 과감하게 노출되어야하는 것이며, 그렇기 때문에 허위 조작된 정보는 절대로 용납되지 않는 것이었다.

한번은 이런 일이 있었다. 이 회의에서 반도체 공장건설 진행에 대한 보고가 있었다. 보고자는 반도체사업본부 관리담당 이사였다. 공장건설 계획에 대한 보고가 진행되는 도중 회장님의 질문이 짬짬이 계속되었다. 공장부지의 전체면적, 정지면적 및 가용면적과 그 비율, 공장건물의 연건평과 건폐율, 도로면적과 그 점유율, 조경면적과 그 비율, 토지의 가격과 조성비용, 건축비용 이런 것들이 계속되고 있었다.

그런데 이 이사가 대답을 하다가 하나를 잘못 기억하고 대답을 하였다.

계속 질문을 받으며 대답을 하다가 어느 순간에 잘못되었음을 깨달았다. 앞에 대답한 숫자가 틀렸기 때문에 뒤에 대답하는 숫자가 논리적으로 모순이 생겼을 뿐만 아니라, 어디서 잘못되었는지를 본인은 바로 인식할 수가 없었으므로, 그 다음 보고를 하고 질문을 하는 과정에 그것이 계속 뇌리에 남아있으며 사고가 꼬였을 것이다.

그때부터 이 동료 임원은 당황하기 시작하였고 얼굴에서 땀이 솟아

나고 급기야는 땀이 막 흘러내리기 시작하였다. 옆의 동료임원이 땀을 닦으라고 손수건을 주었는데, 그 이사는 왜 수건을 주는지도 모르고 그 수건을 받아들기만 하고 땀을 닦을 생각도 못한 체 질문에만 집중을 하고 있었다. 이렇게 보고가 끝났다.

회장님은 수고하였다는 격려를 하고 그 이사는 회의를 먼저 끝내고 나가도록 허락하셨다.

그가 회의실을 나가고 난 뒤에, 회장님은 비서실장에게 그 이사가 열심히 하고 있으니 잘 지원하고 격려할 것을 당부하셨다.

비록 중간에 숫자를 잘못 대답했지만 그것은 허위보고가 아니고 착각이었을 뿐 정직하게 보고를 하였고, 책임을 다하기 위하여 최선을 다하고 있다는 판단을 내린 것이다.

그와 반대의 일도 있었다.

1983년인지 1984인지 잘 기억이 나지 않으며 또 어떤 사건인지도 잘 기억이 나지 않는다. 아마도 미국이 이란에 억류되어 있는 미국인을 탈출시키려고 하다가 그 작전이 실패함으로써 문제가 되었던 것으로 기억이 된다.

여하튼 이란에 어떤 국제적사건이 발생하여 그곳에 진출하여 있는 삼성건설의 프로젝트에 긴급 상황이 발생하였고, 그날 전자부문 신규사업회의에 건설의 담당 상무이사가 참석을 하여 긴급보고를 하게 되어 있었다. 회의 모두에 그 임원이 이란 프로젝트의 상황보고를 먼저 하게 되었다. 그런데 그 임원은 보고 자료를 미처 준비하지 못한 상태에서 구두보고를 하고 회장이 두어 가지 질문을 하는 것으로 보고는 간단히 끝났다. 회장께서는 바쁠 터이니 먼저 나가보라고 하셨다.

그 임원이 회의실에서 나가고 난 다음 비서실장에게 말씀이 있었다. 그 임원이 허위보고를 한다는 것이었다. 무엇이 허위였는지는 모르겠다.

여하튼 이런 경우에 그 임원에 대한 인사조치는 바로 이루어지게 되어있다.

그 당시에 건설회사는 임원들 중에 프로젝트에 따라 스카우트되는 경우가 종종 있었다. 아마도 그 임원도 이렇게 스카우트된 분이어서 미처 삼성의 기업문화에 대한 이해가 부족하였을 것으로 추측된다.

그 당시 삼성의 기업문화에서 절대 용납되지도 않고, 용서되지 않는 것이 두 가지가 있었다.

거짓말과 부정행위이다. 실수에 대하여는 관대하였으나, 거짓과 부정은 절대 용납되지 않았었다.

내가 정보산업관련 신규프로젝트에 참여하고 있을 때에는 여러 개의 신규 프로젝트가 진행되고 있었다. 지금 기억되는 것으로는 정보산업 분야에서는 반도체, 중형컴퓨터, 개인용 컴퓨터와 주변기기, 컴퓨터 부품사업, 소프트웨어 사업이 진행되었다. 그 외의 신규 사업 프로젝트로써 검토와 기획단계에 있었던 것이 항공사업, 종합의료사업, 기술연구소, 자동차사업 등이 미래사업으로 추진되었으나, 종합의료사업과 기술연구소는 시행이 되어 햇빛을 보았고, 자동차사업은 여러 가지 제약과 견제로 지지부진한 상태이고, 항공사업은 아시아나항공이 발족되면서 중지된 것으로 알고 있다. 이 신규 사업들은 삼성본관 9층에 각 팀들이 자리를 잡고 밤낮으로 일을 하였으며 그 열기로 가득하였다.

  각 팀이 약 10여명 내외로 구성된 이 신규 사업팀들은 짧게는 1년에서 길게는 수년의 기간에 걸쳐 시장 조사를 하고, 관련지식을 습득하며 기초계획을 수립하고, 비서실의 자문과 협조를 받으며 회장님께 수시로 보고를 하고 지적을 받고 다시 조사와 검토를 반복하며, 긴 계획수립의 기간을 거치게 된다. 나는 신규 사업 프로젝트에 참여를 하면서 삼성그룹 회장님의 사업계획 보고 회의의 특징을 몇 가지 알 수 있게 되었다. 그 회의는 단순한 사업계획 검토회의가 아니라 그 이상의 의미가 있었다.

  거기에는 어떤 철학과 신념, 그리고 고도의 전략과 경영기술이 숨겨져 있었다.

  이 회의실은 삼성그룹 최고경영자이며 당시 대한민국 최고의 사업가인 이병철 회장이 인재를 양성하는 최고수준의 강의실이고 교육장이며 실습장이라고 할 수 있었다. 그분의 짧은 질문 한 마디에는 80년 연륜의 인생의 경륜과 철학, 경영이념, 세계관과 폭 넓은 지식이 농축된 것이었다.

  그분의 이 농축된 질문 한 마디를 소화하고 이해하기 위하여는, 40대 초반의 젊은 내 나이 또래의 경륜과 지식으로는 수많은 예습과 복습이 반복되어야 하고, 이러한 공부와 연구의 결과는 사업의 현장에서 실습을 통하여 하나의 능력으로 결실을 맺게 되고, 이러한 교육의 과정을 통하여 삼성그룹 최고의 인재, 아니 대한민국과 세계 최고의 인재들이 완성되는 것이었다.

사업계획서, 경영보고서는 이러한 교육을 통하여 프로젝트 담당 임원이 스스로 작성한 최고경영자 교육과정의 교재라고 하는 것이 그 내포한 의미로는 더 적합할지도 모르겠다.

신규 사업의 경우 이러한 교육훈련과정을 통하여 그 사업 담당자가 세계 최고수준의 지식을 쌓고, 정보를 회득하여 세계시장에서 충분한 경쟁력을 갖추었다고 판단이 되었을 때, 최종적으로 사업계획이 승인되는 것이다.

그러니 사업계획이 승인되는 시점에서 그 사업은 인재경쟁의 측면에서는 이미 이기고 시작하는 결과가 된다.

사업계획에서 최종 검토항목은 사회기여도였다.

사업계획에서 최종적으로 검토되는 목표치는 사회기여에 대한 지표였다.

제품생산의 원가요소 중에서 제품원가 10,000원당 핵심 원자재의 비용이 얼마인가?

그 원자재의 부피와 무게는 얼마나 되는가?

이 문제제기와 검토의 의미는 깊은 국가경제의 의미가 담겨있는 것이다.

원가에서 원자재 비율은 얼마나 부가가치가 높은 사업인가를 확인하는 것이다. 그 당시 우리나라의 경제상황은 다른 조건이 동일하다면 원자재 투입비율보다는 인건비 비율이 높은 사업에 투자를 하여 고용을 확대하는 것이 더 필요하였다.

또 자원 빈약국가인 우리나라는 원자재 수입량을 줄임으로써 외화가득 비율을 높이고자한 것이며, 부피와 무게를 줄이는 것은 국제 물류비용을 줄여서 외화의 소비를 최소화 하고자 한 것이며, 또한 인구 3,500만의 협소한 국내시장을 넘어 미국, 유럽 등 원거리에 있는 해외시장에서 경쟁하기위해서는 동일 가격의 제품이라면 물류비가 상대적으로 적은 제품이 경쟁에서 유리하다는 경영전략이 내포되어 있었다. 즉, 신규 사업선택의 중요한 요소 중의 하나가 고용비율이 높고, 외화가득 비율이 높으며, 물류비용의 비율이 낮은 사업이 사업선택의 중요한 요소가 되었다.

이러한 의미에서 반도체는 그 당시 우리의 현실에서 가장 적합한 제품이고 사업이었다고 말할 수 있다.

그리고 마지막으로 검토되는 것은 투자대비 고용비율이었다.

기업의 사회적기여 중에 가장 비중이 높은 것이 고용의 창출이고, 소득의 증대이며, 사회복지에 대한 기여일 것이다.

얼핏 보면 개별사업과 관계가 없을 것 같은 비서실의 이사들이 실장과 함께 수명이나 여러 프로젝트에 항상 배석을 하였다.

그 이사들이 여러 임무 중에서 신규 사업에 배석을 하는 이유는 우선 사업계획을 수립하는 과정에서 기획에 대하여 자문과 협력을 하고, 사업추진과정에서 인력을 확보하고 교육과 훈련을 시키는 일을 지원한다. 또 사업추진에 필요한 자금을 확보하고 이를 지원할 뿐만 아니라 사업이 추진되는 과정을 평가하고 분석하여 문제점을 도출하고 대책을 확보하는 협력을 한다.

그 다음에 이를 회장에게 보고하고 조기에 문제를 예측 확인하여 대안을 설정하여 대처할 수 있도록 하는 것이다.

　이러한 임무를 수행하기위해서는 그 비서실 임원들은 사업계획 회의에 배석하여 그 사업의 내용을 사업담당 임원들과 함께 그 과정에서부터 숙지하고 있어야하는 것이다. 그렇게 함으로써 사업계획의 수립과 검토를 하고, 사업을 담당할 인재들을 교육하고 훈련하며, 사업팀을 구축하는 시간은 오래 걸려도 계획과 준비가 끝나고 결정이 난 후의 추진은 일사분란 하고 신속하게 진행이 되며, 그 사업의 성공확률은 매우 높아지게 되는 것이다.

　이때에 내가 가장 많은 접촉을 하고 협력을 했던 비서실 동년배의 팀장은 기획팀장인 이형 이사와 인사팀장인 임 이사가 있었으며, 가장 대화를 많이 한 기획팀에는 박 부장과 민 과장이 있었다.

　특히 민 과장은 다음에 삼성SDS 설립을 위한 프로젝트 기획팀에 합류하여 함께 계획을 수립하였으며, SDS가 세상에 태어나는데 가장 많은 역할을 하게 되었다.

　회장실에서의 회의는 늘 도전적이고 열정적이었으며, 긴장된 분위기와 책임감으로 집약되어있었다. 이런 속에서 한국경제의 미래를 만들어내는 계획과 전략이 수립되고 그것을 실천하여 성공시킬 수 있는 인재가 양성되는 장이었다.

삼성전자의 경영회의

어느 기업이나 많은 회의를 하겠지만 삼성은 특히 그 회의를 많이 하는 기업이었다. 회의의 목적으로는 프로젝트의 정보를 공유하기위하여, 의사결정을 수렴하기위하여, 아이디어를 도출하기위하여, 문제를 분석하고 인식하기위하여, 대책을 수립하기위하여, 교육을위하여, 이렇게 다양한 목적으로 열리고 이용되었다.

중요한 회의의 종류만하여도 이미 기술했듯이 회장실 사업계획 회의를 비롯하여, 삼성전자경영회의, 사업부경영회의, 부장회의, 과장회의, 마케팅회의, 생산계획회의, 품질회의, 제품기획회의, 경영분석회의, 그 외에 프로젝트별회의, 직급별회의, 과제별회의 등 일일이 나열할 수도 없이 많은 회의가 있었다.

회의가 너무 많고 또 시간이 많이 소요되다보니 오히려 업무에 지장을 주게 되므로, 회의도 그 품질과 생산성에 대하여 많은 문제제기가 되고 회의자체를 능률적으로 하기위한 아이디어가 백출하였다.

회의를 능률적으로 하기위하여 사전에 무조건 회의시간을 30분, 1시간 등으로 정하고, 그 시간이 지나면 회의를 끝내도록 강제하기도 하고, 결론을 빨리 유도하기 위하여 회의를 서서 하기도 하고, 장시간의 회의가 필요할 경우에는 일과 후 저녁, 또는 야간회의를 하기도 하고, 토요일 오후와 일요일 회의를 하기도 하였다. 회의를 집중해서 진행하기위하여 넥타이를 풀고 시계, 담배, 전화 통화를 금하고, 식사를 주문하여 회의장에서 식사를 하고, 주말에 토요일부터 일요일까지 외출을 금지하고 밤새도록 하는 회의도 있었다. 회의에 대한 원칙은 회의안건을 사전에 준비하고, 회의노트를 반드시 지참하고, 회의시간을 지켜야하고, 회의장에서는 안건에 대하여 관계자를 의식하지 않고 솔직한 의견을 제시해야하고, 개인적 인신공격성 발언은하지 말아야하고, 상대의 의견을 존중해야하고, 모든 의견은 회의장에서 개진하고 회의가 끝난후에 개인적으로 불평하지 말아야 하고, 최종적으로 결정권자가 결정한 사안에 대하여는 자신의 의견과 달라도 책임감을 갖고 실행해야하고, 등 불문율의 원칙이 있었다.

사업부장 회의

1980년대 초에는 삼성전자는 40개 전후의 사업부단위로 구성되어 있었다.

각 사업부는 주로 이사급의 사업부장이 담당하였고, 더러는 상무급이나 고참 부장급이 담당하기도 하였다.

삼성전자의 사업부는 그 하나하나가 하나의 독립된 회사로서 조직되어 그 기능을 하고 있었으며, 사업부장이 모든 결정을 할 수 있는 시스템으로 구성되어있었다.

삼성전자는 한 달에 한 번씩 전체의 경영회의를 운영하고 있었다.

이 회의는 홍 회장과 정 사장을 비롯하여, 전 사업부와 관리본부 및 연구소 등 지원부서의 담당 임원들이 모두 참석하였다.

전자 전체의 사업부는 관리본부, 연구소, 수출본부, 국내영업본부, 컴퓨터사업부, 계측기사업부, 비디오사업부, TV사업부, 냉장고사업부, 세탁기사업부, 등 40여개의 사업부 단위가 이런 식으로 구분되어있었다.

회의는 홍진기 회장의 주관으로 진행되었다.

참석 대상인원은 약 60~70명 수준이 되었을 것이다.

이 회의에서는 사업부 단위로 경영계획과 실적, 국내외 시장동향, 신기술과 신제품개발, 신규사업, 경쟁사 동향 등에 대한 보고가 이루어지고 문제점에 대한 검토와 그 대책에 대한 토론이 이루어진다.

따라서 회의는 아침 7시에 열려서 점심에는 주문한 도시락으로 회의장에서 식사를 하며 오후 3시경까지 계속된다.

오후 3시 이후에는 미결된 중요사안에 대하여 소회의실에서 별도로 회의가 계속되었다.

회의안건은 계량적으로 6하 원칙에 의하여 요약해서 발표해야하고 문제점을 정확하게 도출하고 대책을 제시하여야한다.

몇 가지 기억나는 회의에 대한 전체흐름을 적어본다.

삼성의 문화에서는 어떤 문제에 대한 원인을 도출할 때에 담당자 자신의 책임과 문제를 제일 먼저 제시를 하고, 다음에 우리 사업부의 문제점, 우리 회사의 문제점, 그 다음에 다른 관련 문제점, 그리고 그 다음에 상대의 문제점을 제시하여야한다.

자신의 문제점에 대한 분석과 제시가 없이 상대의 문제점만 제시하는 것은 변명과 핑계가 될 뿐만 아니라 책임전가로 간주된다.

국내 영업본부장의 보고 사항 중에 중요한 항목은 금성사와 시장점유율에 대한 것이 있다.

국내 본부장이 점유율에서 열세에 있었던 어느 지역에서 이달에 삼성전자가 몇 퍼센트 앞섰다고 보고를 하면, TV에서는 어떻게 되었는가 하고 질문을 한다. TV에서 몇 대, 몇 퍼센트를 앞섰다고 하면, 12인치 TV는 어떻게 되었는가.? 하고 질문을 한다.

이것은 어떤 의미인가 하면, 국내 본부장은 전국적으로 지역별로 제품별로 삼성전자와 금성사의 판매수량과 시장점유율을 숫자로 전부 파악하고 암기를 해야만 답을 할 수가 있는 것이다.

그 당시 삼성전자의 제품을 종류별, 규격별로 분류를 하면 수백 종에 달할 때인 것이다.

모든 사업부의 담당 임원들은 자신의 영역에 대하여 이렇게 모든 것을 계량적으로 파악하고, 경영상 문제점을 인식하고 그 대책을 파악하고 있어야만 했다.

그래서 항간에서는 삼성전자와 금성사의 경쟁을 "별들의 전쟁"이라고 말하였다.

삼성전자의 회의에서는 세계시장 동향 중에서 특히 일본의 마쓰시다와 소니의 동향 보고를 반드시 하여야한다.

1970년대를 지나서 1980년대로 들어서며 국내에서 제일의 위치를 점했다고 결론을 내고, 향후 10년 동안에 경쟁의 상대를 일본의 마쓰시다로 정했기 때문이다.

그래서 삼성전자는 마쓰시다의 경영활동을 항상 관심을 가지고 면밀히 연구하였었다.

1980년대 초에 일본의 전자부문은 마쓰시다가 1위, 소니가 2위를 하고 있었다.

삼성전자는 두 회사의 경영을 관찰하고 연구를 하였으며, 당연히 마쓰시다를 경쟁상대로 하였다.

10년이 지난1990년대에 삼성전자는 세계시장에서 마쓰시다, 소니와 어깨를 겨루게 되었고, 현재의 삼성전자는 일본의 두 회사를 모두 합친 것보다 더 큰 회사로 성장발전을 하였다.

회의는 항상 도전적이고 긴장된 분위기로 계속되었다.

회의에서는 이런 일도 있었다.

신제품 홍보를 위하여 신문광고 시안을 제작하고 진행하는 중이었다.

광고를 위한 신문지면이 예약되어 있었고, 시안이 광고제작회사에서 제작 중이었는데, 삼성전자가 예약한 일자보다 며칠 전에 삼성전자의 광고시안과 똑같은 내용의 경쟁사 광고가 먼저 발표된 것이다.

경영회의에서는 이 문제가 우선적으로 다루어지고, 광고 판촉을 담당하는 홍보실의 책임문제는 물론이고 전체 경영진에 대한 질책이 떨어졌다.

그런 가운데 홍 회장께서 우리도 당장 경쟁사 사장실로 땅굴을 파야하는 것이 아니냐 하는 말씀이 있었다.

이렇게 경쟁 맞수들 간에는 기술, 제품, 판매의 경쟁은 물론이고 정보와 홍보의 경쟁도 치열 했었다.

이러한 것은 국내 경쟁회사만이 아니라 해외시장의 경쟁 상대들과

도 똑같은 경쟁이 매일 계속되고 있는 것이다.

사업부 부장회의

1983년에 컴퓨터사업본부가 설립되고 삼성전자 각 사업부에서 인원이 차출되어 배속되고, 삼성그룹 각 회사에서도 인원차출이 되어 전보되어왔다.

그리고 외부에서 스카우트와 신입사원 충원이 계속해서 이루어지고 있었다.

그 해 6월경이 되었을 때에는 이렇게 하여 컴퓨터사업본부에 인원은 1,700여명이 되었다.

관리, 개발, 영업 등의 직원이 약 700여명, 공장의 생산직사원이 약 1,000여명이 되었고, 그 중에 임원과 부장이 약 40명 정도 되었다.

초기에 컴퓨터 국산화개발 및 판매를 하는 최첨단 신규 사업이기 때문에 이 분야를 조금이라도 경험해본 사람은 수 명에 불과하였다.

조직 내 다양한 기능을 맡은 각 부장들이 원활히 협력하여 목표 지향적으로 임무를 수행하기위해서는 의사소통이 절대적으로 필요하였다.

그래서 초기의 컴퓨터사업본부는 회의의 연속이었다. 회의로 시작해서 회의로 하루를 마치는 정도였다.

그런데 문제는 자재, 관리, 기술, 생산, 영업 등 기능적으로 전문분야를 담당한 부장들이 비디오, TV, 냉장고, 세탁기 등 다른 사업부에서 다른 제품을 생산하다가 모였고, 심지어 다른 회사에서 근무를 했던 부장도 있었다.

이렇게 모인 사람들이 생소한 컴퓨터용어를 사용하여 회의를 해야 했다.

40여명이 회의장에서 회의를 한 후에 생각을 하면, 한국 사람들이 한국말로 회의를 몇 시간씩 하였지만, 의사소통은 30~40 퍼센트도 되지 않은 것 같았다.

마치 40개 국가의 사람들이 모여 각자 자국의 언어로 회의를 한 것 같은 생각이 들기도 했다.

그러나보니 회의를 반복할 수밖에 없었고, 때로는 밤중에, 때로는 주말에도 회의가 계속되어야 했다.

회의 때문에 각자는 자신의 일들을 시간 내에 처리할 수가 없는 형편이었다.

그래서 회의에 대하여 이런 회의적인 말도 하였다.

어느 나라의 왕이 적이 성을 공격해 와서 각료와 장수들을 불러놓고 어떻게 적을 막을 것인가? 하는 회의를 며칠을 하고나서보니, 성은 이미 함락되고 말았다는 말을 하고는 하였다.

오죽하면 서서하는 회의, 30분회의, 퇴근 후 회의라는 아이디어를 내고 그것을 시도해보기도 하였겠는가?

그때는 인터넷메일이나 화상회의라는 것은 존재하지 않았으니, 수천 명의 인원이 소속된 회사에서 경영목표를 수행하기 위하여 조직의 의사소통을 원활히 할 수 있는 방법과 수단을 연구하는 것도 커다란 과

제 중에 하나였으며, 그 방법으로 회의를 수도 없이 해야 했다.

회의를 생산적으로 하기위하여 필기도구를 반드시 지참하고, 회의 안건을 사전에 준비하여 배포하고, 발언을 요점중심으로 하여야하고, 회의 결과를 다시 정리하여 참석자에게 배포하고 다시 확인하는 등의 회의 운영을 하였었다.

교육과 훈련

이병철 회장의 경영철학과 방침을 최종적으로 수렴하여 한 단어로 표현한다면 인재제일이라 말할 수 있을 것 같다.

그리고 그분이 일생에 이룬 업적 중에서 최고의 업적은 대한민국 사회에 많은 인재를 배출하여 그들이 사회 곳곳에서 국가와 사회를 위하여 기여하게 하였고, 그 인재들이 삼성을 세계최고의 반열에 오르게 함으로써, 인재양성의 중요성을 사회에 인식시키고 기업에서 최고의 경영은 인재경영이라는 것을 알린 것이라고 생각한다.

그래서 삼성 그러면 누구나 인재, 제일품질이라는 것을 생각할 수 있게 만든 것이며, 이것이 삼성의 기업이미지가 된 것이다.

앞에서도 말했듯이 3대 경영방침에도 언급되었고, 삼성의 회장실의 신규사업계획회의는 최고수준의 경영자를 교육하는 회장의 교육장이며. 회장이 몸소 인재양성을 위한 노력을 실천한 곳이다.

그리고 한국 최고의 연수원을 운영하며 신입사원에서부터 사장에 이르기까지 계층별 분야별 교육계획이 년 중 휴무도 없이 운영되고 있으며, 각 사별, 사업부별 직원교육이 별도로 년 중 계획 하에 운영되면서 인재양성을 위한 교육이 2중 3중으로 운영되고 있다.

삼성의 모든 임직원은 사장을 포함하여 모든 임무에 우선하여 교육에 참여하여야했다.

신입사원에게는 교육계획에 의한 교육 외에 개인별로 대리급의 상담자가 지정이 되어서 개별적인 오리엔테이션과 업무자문 및 삼성문화에 대한 적응을 위한 지원을 하게하였고, 해외업무 담당을 할 신입사원은 해외에 3~5년 정도의 장기체류를 통하여 현지화훈련을 사전에 하게 했었다. 또 부하에 대한 교육과 훈련은 상사의 제1책임이고 의무라는 것이 불문율로 되어있었다.

삼성의 교육이라고 하면, 사외의 일반사람들은 용인에버랜드 내에 있는 삼성연수원을 생각하게 되지만, 실제로는 삼성이라는 기업전체가 하나의 교육기관이고 교육장이며 훈련장이었고, 상사와 선배는 모두 부하와 후배를 교육시킬 의무와 책임을 가지고 있는 교육기관이라고 하는 것이 가장 적절한 표현이 될 것 같다.

극기 훈련

내가 삼성전자 컴퓨터사업부에 근무하였을 때에는 연수원과 삼성전자, 그리고 현장에서 실시되는 교육 외에도 정신력강화와 조직단합 등을 위하여 1년에 몇 차례에 걸쳐 정신강화 및 단합훈련이 있었다.

비가 오는 날 밤에, 수십 킬로의 산속 길을 밤새도록 종주하기도 하고, 차가운 바람이 몰아치는 겨울밤에 이 같은 훈련을 하기도하였다.

그때는 이런 훈련이 여러 회사에서 시행되기도 하였었는데 삼성에서는 임원을 비롯하여 전 사원이 함께 이 훈련에 참여했다.

그 당시에는 이런 훈련을 지옥훈련이라고 칭하기도 하였다.

국산 개인용컴퓨터를 처음 개발하였던 1983년에는 1년 동안에 4번이나 이런 훈련을 하였던 것으로 기억이 된다.

지금 생각하면 이 신규 사업을 추진하면서 가장 머릿속을 많이 차지하고 있는 기억은 교육, 회의, 훈련이었던 것 같다.

기업경영은 물론이고 인간이 추구하는 모든 목적을 성공시키기 위하여는 인재가 제일 중요하다는 것은 인생을 살아갈수록 더욱 그 가치에 대한 인식을 더해가고 있다. 인재는 결국 교육과 훈련에 의하여 얻어질 수 있는 것이다.

그래서 인재를 얻는데 가장 중요한 행위는 교육과 훈련이 아니겠는가?

이런 말이 있다. 인간의 잠재된 능력은 무한한 것이다.

그 잠재된 능력을 개발하는 것은 교육과 훈련인 것이다.

교육과 훈련을 통하여 능력이 향상되어 자기변신을 하게 되는 과정은 색다른 옷을 입는 것 같은 불편함이 있고, 껍질을 벗는 진통이 뒤따르지만, 일단 그 과정을 거치고 나면 성장이 있고 깨달음의 기쁨이 있다.

기업들이 어떤 인재가 필요할 경우에 급료를 올려주고 직급을 올려주어서 타사의 인재를 빼다 쓰는 경우가 일반 기업분야에서는 흔하게 행해지고 있는 일이다.

나는 이런 말을 전하고 싶다. 기업의 경영은 인재를 양성하여 그 역량을 극대화할 수 있도록 하고, 그 인재들을 사회에 배출하는 것이 기업경영의 목적 중에서 가장 중하고 가치 있는 것이라는 것을 잊지 말아야한다.

해외 수주

컴퓨터 국산화사업을 추진하면서 극복해야할 문제는 수도 없이 많았지만, 그 중에서도 가장 어려운 것은 시장개척과 경쟁력확보인 것이다.

1983년도에 국내시장은 개인용 컴퓨터(PC) 시장이 총 10만대 이하로 확인되었다.

그런데 국산 PC가 시장경쟁력이 있는 가격으로 생산되기 위하여는 년간 100만대를 판매해야만 되는 것으로 판단이 되었고, 그래서 생산시설은 100만대 수준으로 건설되었고, 소요되는 인력은 처음부터 생산직 1,000명과 판매관리직 700여 명으로 시작되었다.

시장개척을 위하여 가장 중요한 요소는 물론 경쟁력 있는 가격을 확보하는 것이며, 다음은 품질과 기술력의 확보인 것이다.

경쟁력 있는 제품원가를 확보하여도 우리의 기술력과 품질을 세계의 시장과 소비자들은 믿을 수가 없는 것이다.

그러니 가격에서 아무리 유리해도 우리의 제품을 찾아주는 바이어를 찾는다는 것은 하늘에서 별을 따는 것과 같은 것이었다.

우리는 이 불가능을 가능으로 만들어야만 되는 것이다..

수출 담당이사와 기술 담당이사는 제품이 완전하게 생산되기 전부터 해외시장과 바이어를 찾아서 동분서주 헤매고 다녀야만 하였다.

나는 1년간 40여개의 국내대리점 판매망을 구축하면서 탑재할 여러 가지의 소프트웨어와 콘텐트를 개발해야만 했다.

그 중에서 최초로 구체적 상담이 이루어진 해외바이어가 컴팩 회사였다.

약 15일 동안에 미국의 20여개 바이어를 동서로 다니며 방문을 하였으니 그 두 임원은 공항과 기내에서 숙식을 하며 수주활동을 하였다.

그 중에서 컴팩과 구체적인상담이 이루어졌고, 그들의 요구사항이 협의 되었다.

바이어가 원하는 사양과 품질이 보장될 경우에 4만대의 주문이 확정되는 조건부계약이 성립되었다.

그 두 이사는 이 계약의 준비를 위하여 급히 귀국길에 올랐고, 그 두 임원의 수주활동은 매일 비서실에 보고가 되고 있었다.

그들이 김포공항에 도착하는 즉시 회장실로 호출이 되고, 비서실의 관계임원들이 모두 배석한 가운데 바로 보고를 하였다.

그 보고의 과정에서 회장의 질문은 생산원가가 얼마인가 하는 것이었다.

이 두 이사는 아직 원가분석이 되어있지 못했다.

답변을 하지 못했다. 관광하고 왔냐는 질책이 떨어졌다.

회의가 끝나고 두 임원은 바로 사업본부로 직행하여 원가분석과 준비를 위한 회의가 열렸다.

설계사양의 변경, 기술실험, 자재조달과 자재비용 산출, 생산 공수와 인건비, 교육과 훈련 등 확인해야할 일이 한두 가지가 아니고 기술, 자료, 시장정보 모든 것이 부족한 우리는 이 일이 매우 갑갑하고 어려운 것들이었다.

저녁 8시에는 비서실임원들이 지금 강남역에 인접한 기남빌딩에 있는 컴퓨터사업본부 사무실로 달려와서 사업본부 임원들과 공동회의가 열렸다.

회의라 하기보다는 추궁이고 심문이라고 하는 것이 적절한 표현이 될 것 같다.

인사, 기획, 운영, 재무, 기술 등을 담당하는 6~7명의 비서실 이사들이 회장을 대신하여 관련된 일들의 계획과 실적에 대하여 확인하고 미진한 부분을 추궁하고 대책을 요구하는 것이었다.

그 임원들 역시 문제점을 분석 파악하여 공동으로 대책을 세워서 다음날 즉시 회장에게 보고해야하는 것이다.

밤을 새우다시피 회의 아니. 심문이 계속되었다.

이 회의가 진행되는 동안 본부 내 기술담당이사가 계속해서 한쪽 눈을 번갈아가며 감았다가 뜨곤 하는 것이었다.

나는 눈에 무슨 문제가 있느냐고 물어보았다.

그 이사의 답은 미국에서 2주간 거의 잠을 제대로 잘 수가 없었기 때문에 눈을 뜨고 있으면, 눈알이 따가워서 교대로 한쪽 눈을 감으면 조금 견딜 수가 있기 때문에 그렇게 한다고 하였다.

이 대답이 아직까지도 그때를 회상하면 기억이 되고는 한다.

2~3일 후 주말에 컴퓨터사업본부의 전 관리자의 교육이 있어서 용인 연수원에 입소를 하였다.

수출담당 이사와 내가 같은 방을 사용하였다.

교육 일과와 저녁식사가 끝나고 침실로 돌아왔다.

그 수출 담당이사가 어두운 창가를 내다보면서 깊은 상념에 잠겨있는 모습이었다.

한참을 있다가 나는 조용히 그에게 무슨 고민이 있느냐고 질문을 하였다.

잠시 침묵이 흐르고 그는 이제 사표를 제출하여야하는 것이 아닌가? 생각중이라고 하였다.

회장이 "관광을 하고 왔느냐?"고 힐문하는 것은 사직하라는 책임추궁의 뜻이 아니겠느냐고 나에게 반문을 하는 것이었다.

나는 조금 생각을 하다가 강하게 부정을 하였다. 절대 아닐 것이다.

원래 회의 중에 말을 극히 아껴서 하는 분이시고,

80세의 나이에 40살의 우리에게 국내에서 아무도 가보지 않았고, 1,000억을 투자해야하는 프로젝트를 맡기시는 것은 어린아이에게 칼을 들려 뜰에 세워놓은 것 같지 않겠는가?

극도의 주의를 주기위하여 한 마디로 강하게 표현하신 말씀일 것이라고 나는 격려를 하며 실망하지 말고 서로 마음을 다잡아 열심히 하자고 하였다.

우리는 그 후 더 열정을 가지고 분발하여 그 위기를 극복하였고, 그는 후일 미국의 삼성그룹 현지법인의 전무까지 하고 퇴직을 하였다.

컴팩의 주문을 받았을 때에 우리가 겨우 개발에 성공한 제품은 8bit CPU를 장착한 개인용 컴퓨터인 SPC1000이었고, 컴팩과 협의한 제품은 16bit CPU를 장착한 포터블컴퓨터였다.

우리의 기술은 아직 거기까지 준비가 되어있지 못하여 다시 기술설계를 하고 테스트를 해야 하는데 그 주어진 기간이 4개월이었다.

4개월 동안에 새로 설계를 하고 테스트하여 컴팩의 기술과 품질에 대한 인정을 받아야하고, 4개월 후부터는 제품을 생산할 수 있는 준비를 완료하여야했다.

개발실은 기술설계를 착수 진행하였고, 자재부는 발주 후 납품까지 4개월이 걸리는 반도체에서부터 필요한 부품들의 납기를 감안하여 사전에 발주를 하여야했다.

관리부는 필요한 생산인력을 사전에 확보하고 교육을 시켜야만 4개월 후부터 생산을 차질 없이하여 납기일을 지킬 수가 있었다.

드디어 4개월이 지났다.

가슴을 조이는 숨 막히는 시간이었다.

그러나 결과는 엔지니어링 테스트에서 불합격이 되었다.

주문은 취소가 되었다.

4개월 전에 발주한 반도체를 비롯하여 수십억의 부품이 계속 도착이 되고 대금은 지불을 하여야 하고, 수십억의 중요 부품들이 도착과 동시에 불용재고가 되어 창고 속에 잠자게 되었다.

더욱이 창고가 부족하여 컨테이너에 별도로 보관한 부품들은 시간이 지나면서 변질되어가고 있었다.

충원한 생산직 직원들은 인원감축의 대상이 되는 경영압박을 피할 수가 없게 되었다.

이때의 허탈함과 자괴감은 무어라 말로 표현할 수가 없었다.

하늘이 무너지는 것 같았다.

우리 임원들은 기술, 자금, 시장 등 모든 면에서 불리한 여건을 안고 전체생산시설을 가동하기 위한 100만대를 수주하기 위하여 혼신의 힘을 다하고 있는데, 이번의 주문취소 사고는 설상가상이 되어 경영압박을 가중하였다.

수주물량이 없으면 공장가동이 되지 않고, 공장이 가동되지 않으면 생산직 직원들은 인원감축의 불안을 제일 먼저 느끼며 담당 임원들에게 면담을 요청하고 자신의 신상의 어려움을 털어놓으며 감원대상에서 제외해줄 것을 간청한다.

그 직원들의 개인적 가정적 사정은 들어서 마음 아프지 않은 사연이 하나도 없다.

중, 고등학교를 졸업하고 가정형편상 진학을 못하고 가계를 돕기 위하여 직업일선에 나오게 된 사춘기 청년들이 대부분이었다.

수주를 하지 못하여 공장이 가동되지 않으면 임원들이 공장에 나타났을 때 이 직원들은 불안한 눈으로 우리를 바라본다.

2,000여개의 눈동자가 우리를 주시한다.

그 눈빛은 가슴을 뚫고 지나가는 화살처럼 느껴졌었다.

등골이 오싹하고 참으로 미안하며 무슨 죄를 지은 것 같은 자책감을 피할 수가 없다.

잠을 자다가도 이 직원들의 간청과 그 눈빛을 생각하면 벌떡 일어나게 된다.

그리고 어떻게든 수주를 하여 공장을 가동하고, 이들을 더 아프지 않게 해야 한다는 각오를 하게 된다.

그 후 우여곡절 끝에 우리는 영국의 한 바이어와 상담의 기회를 만들 수 있었다. 싱클래어라는 회사였다.

엔지니어가 약 40명에 영업부문이 약 30명이 되는 전 직원 70명 전후의 회사였다.

이 회사의 직원 1인당 년 간 평균 매출액은 약 30억 원이 넘었다.

우리는 1인당 년 간 평균 매출액이 약 3천만 원을 겨우 할 때였다.

그러니 매출액 생산성에서 우리의 100배에 해당하며, 우리는 정말 부러운 회사였다.

이 회사는 70명의 인원으로 8bit PC 부문에서 유럽시장의 60 퍼센트의 시장점유율을 확보하고 있었다.

이 싱클래어와 년간 50만~100만대의 수주상담이 진행되게 되었다.

싱클래어 브랜드로 OEM 생산을 하는 방법이었다.

우리 본부의 전 간부는 이 수주상담을 위하여 준비하고 각자의 임무를 다하였다.

임원들은 거의 1개월간 그들과 상담을 하고 의전을 하며 시간을 어떻게 보냈는지도 기억이 잘 안 난다.

그냥 사활을 걸고 임했다는 말 밖에는 거의 기억이 나지 않는다.

그런데 그 상담에서 항상 그리고 모든 면에서 그 주도권은 싱클래어의 마케팅 책임자와 기술책임자가 쥐고 있었다.

우리는 기술, 자재, 가격, 시장 등의 지식과 정보 그리고 경험에서 저들에게 밀릴 수밖에 없었다.

저들은 기술, 생산, 자재, 가격, 시장 등의 항목을 놓고 하나씩 원가협상을 하기 시작했다.

절대로 전체 가격을 한 번에 협의하려하지 않았다.

기술 항목별로 원가를 따지고 가격을 정하고, 생산라인의 단계별 생산성을 따지고 원가를 정하고, 자재 목록별로 구매가를 검토하고 가격을 정하고, 물량 단위별로 원가변동을 검토하고 가격을 정하여 이것을 합계한 후에 적정 마진을 협상하는 식이었다.

그러니 한 기종의 생산원가를 정하고 가격을 정하는데 얼마나 많은 협상과 회의를 하였으며 시간이 소요되었는지, 상상할 수 있을 것이다.

최종 협의를 하였는가하면 또 다른 제안을 해온다.

부품을 더 싼 것을 제시하며 원가를 내리게 하고, 생산라인을 자신들이 조정하고 가격을 내리게 하고, 물량을 더 제시하고 다시 가격을 깎아 내린다.

정말로 피를 말리는 협상이 40여일 이상 밤낮으로 쉴 틈도 없이 계속 되는 것이었다.

기술, 정보 그리고 갑과 을의 위치에서 밀리는 우리는 어느 정도 협상이 진행된 후에는 우리가 역제안을 할 수 있는 여지가 거의 없어져 버렸다.

그래도 우리는 1센트를 더 받기 위하여 우리 나름대로 정보를 수집하고 협상논리를 정리하여 그들과 다시 협상을 하고, 드디어는 재래시장처럼 1센트만 더 올려달라고 무조건 사정까지 하지 않을 수 없었다.

이런 진통의 과정을 거쳐서 첫 해외바이어인 싱클래어와 년산 50만대의 수출계약이 성사되었다.

　미래를 위하여 어렵고, 힘들고, 자존심 상하고, 때로는 모욕을 느끼면서 우리는 참고 협상을 성공적으로 마무리해야만 했다.

　생산라인에서 공장가동을 기다리고 있는 저 직원들의 간청을 들어주고, 그들의 아픔을 어루만져주기 위해서,

　삼성전자의 퍼스널 컴퓨터가 세계를 누빌 수 있는 그날을 만들어 가기 위하여,

　대한민국 정보산업의 성공을 위하여,

　그리고 우리 앞에 앉아 열심히 일하고 있는 후배들이 언젠가 대한민국의 국민임을, 삼성의 사원임을 자랑스럽게 생각하며 세계를 누빌 수 있는 그날을 만들기 위하여,

　우리 임원들은 어려움도 모욕도 참아야만 했다.

　그때 깨달았다.

　이렇게 어려움을 참고 목적을 향하여 열정을 다하는 그것이 바로 애국심이라는 것을 ------

유통망 구축

제품개발 및 해외수출을 위한 바이어개발과 함께 국내유통망 구축 또한 동시에 추진되는 중요한 과제 중에 하나였다.

한국의 경영자들은 신규 사업을 하기위해서는 1차로 일본을 상대로 사례조사를 하여 참고를 한 다음, 세계시장에 대한 조사를 하였다.

그때에 경제 및 국력의 수준을 일본은 우리의 10배 미국은 100배 정도로 포괄적 평가를 하고 있었다.

삼성과 우리 컴퓨터사업부 역시 기술과 시장에 대하여 일본을 통하여 많은 것을 배우고 또 정보를 수집하였다.

나 역시 유통망구축을 위하여 수차례 일본을 방문하여 판매망은 어떻게 구축되어있고, 판매의 특성은 어떤 차이가 있는지를 관찰하고 조사를 하였다.

또 어떤 유형의 제품들이 개발되고 시장에서 인기가 있으며, 소프트웨어의 제품은 어떤 종류들이 개발되었고 상품에 형태는 어떻게 구현되었으며, 제품의 가격들은 어떤 선에서 형성되어 있는지 등에 관점을 가지고 조사를 하였다.

그러기 위하여 판매망에 대한 정보 수집은 물론이고 아키아바라 전자전문시장을 수차례 방문하여서 그 시장의 유형과 특성에 대한 관찰을 하였다.

그리고 견본으로 제품들을 구입해서 분석도 하였다.

여러 가지 판촉방법과 특성이 있었지만, 그 중에서도 특기할 것은 다양한 소프트웨어제품이 하드웨어인 퍼스널컴퓨터와 함께 판매되기도 하고 소프트웨어전문매장이 별도로 개설되어있기도 하였다.

그 소프트웨어제품의 생산과 확보방안을 위하여 소프트뱅크의 경영 자료를 수집하기도 하고, 오사카에 있는 고덴사라는 한국교민이 경영 하는 중소기업을 방문하여 소프트웨어개발보급에 대한 자문을 받기도 하였다.

이렇게 조사한 자료를 토대로 하여 유통망구축전략을 검토하고 실행 방안을 기획하게 되었다.

컴퓨터제품의 특성과 그 기능의 다양성, 그리고 새로운 개념인 소프 트웨어제품 등을 판매하기위해서는 그 특성에 맞는 대리점을 선발하여 기존 가전제품 유통망과는 별도의 유통망을 구축하여야한다고 판단했 다.

따라서 소프트웨어전문판매점도 별도로 개설하도록 하였다. 그렇게 해서 종로2가에 국내 처음으로 퍼스널컴퓨터용 전문소프트웨어판매장 이 만들어졌다.

이러한 전략에 따른 전문 인력을 확보할 방안으로 영업사원, 대리점 대표, 대리점 판매 사원, A/S 사원양성을 위하여 별도로 체계적이고 치 밀한 교육과 훈련을 주기적으로 시행하기로 하였다.

다른 한편으로는 삼성컴퓨터에 사용할 전용소프트웨어를 개발할 전 문협력회사를 발굴하기로 하였다.

또 다른 한편으로는 삼성컴퓨터교육을 전문으로 하는 교육기관을 개발하고 지원하기로 하였다.

그래서 처음으로 압구정에 있는 영어학원과 협력을 하여 퍼스널컴퓨터 전문교육원을 개설하였다

대리점 개설은 1983년 6월부터 1년간 40개 대리점을 전국에 개설하기로 목표를 정하고, 대리점 선발을 위한 방법과 기준을 정하여 국내 영업관리에서 대리점 개설업무를 담당하기로 하였다.

지역과 인구에 따라 지역별 개설숫자를 정하고 신청을 받아 심사를 한 후 정해진 규정에 따라서 대리점 계약을 체결하였다.

대리점을 개설하는데에는 우선 가전제품 대리점의 겸업을 피하고 전문점을 개설하여야 하고, 대리점 대표가 일정 수준의 학력을 가지고 있어서 컴퓨터교육을 이수할 수 있어야 하고, 제품출하 시 담보를 위하여 1억 원 상당의 현금을 예치하거나, 담보물을 제공하여야하였다.

컴퓨터시장의 개발초기이므로 영업부서의 실적관리를 위한 밀어내기를 예방하기 위하여 1억 원 이상의 담보는 철저히 금지시켰다.

초기부터 과다물량공급으로 대리점의 재고자산 증가에 의한 경영 부실화의 우려와 대리점들의 과다경쟁이나 덤핑으로 인한 시장가격의 혼란을 예방하기 위해서다.

이렇게 대리점 신청을 받고 서류와 면접에 의한 예비후보를 정한 후에는 내가 직접 후보자를 지역 현지로 방문하여 실사를 하고 면담을 한 후에 최종결정을 하였다.

제품이 생산되더라도 적시에 유통망이 구축되고 판매를 위한 교육과 훈련 및 홍보 판촉이 이루어지지 않으면 시장에서의 경쟁에 치명적이 될 수 있다.

그래서 평균 1주일에 1개 대리점을 개설하기 위하여 노력을 하면서 몇 개의 대리점 신청자의 서류심사가 끝나고 후보자가 정해지면 내가 직접 현지를 방문하여 대표자를 만나서 대화를 하고 확인한 다음 최종 결정을 하게되어있었다.

빈틈없이 짜여진 일정 중에서 한편으로 대리점 현지방문을 하여야 함으로, 출장 일정 역시 주야 구분이 없이 임무를 진행해야했고, 결정 이 나고 나면 한편으로 홍보팀은 대리점개설을 위한 인테리어 및 판매 장 개설을 지도하도록 하고, 홍보 판촉물을 제작하여 공급하는 한편으 로는 매체를 통한 광고를 병행하게 된다. 영업부에서는 제품공급을 준 비하고 대리점 임직원들의 교육을 병행함과 동시에 대리점 개장행사를 준비하고 진행하게 된다.

한번은 대전, 전주, 광주, 마산, 강릉의 대리점이 선정이 되고 현장 확인을 해야 되어서 순회출장을 가게 되었다.

대전을 거쳐서 다음날 전주에 도착하여 대리점 후보 사장을 만났다. 전주에서 제일 큰 문방구와 일부 사무기기 판매를 하는 분이었다. 기 경영하는 사업의 업종이나 규모 등은 모두 좋은데 점심식사를 같이 하 였는데, 식사를 거의 하지 않고 맥주만 마시는 데 수전증 현상이 있다 는 것을 알았다. 알코올 중독현상이었다. 다른 조건들이 아쉽지만 최종 단계에서 선택을 할 수 없었다.

다음날 광주에 들렸는데 컴퓨터 대리점 신청을 한 분이 기존 삼성전자 대리점을 하는 분이었다. 기존 대리점에서 함께 판매하기를 희망하고 있어서, 회사의 방침 상, 이를 허락할 수 없어서 별도 판매장을 개설하는 것을 전제로 하여 합의를 하였다.

기사와 둘이 차를 타고, 한 도시씩 이동하면서 현지에서 후보 대리점의 현장을 확인하고, 사장을 만나서 대화를 하고는 저녁에 이동을 하여 다음 출장지에 밤 12시쯤 도착을 하면 기숙을 하고, 다음날 그 지역 후보 대리점사장을 만나 현장 확인하는 동안 기사는 어디에서 휴식을 하거나 잠을 자게하고, 저녁을 일찍 먹고 다음 도시로 가는 동안 나는 차안에서 휴식을 하게 된다.

그때에는 지금처럼 도로사장이 잘 되어있지 않아서 지방출장을 할 때, 한 도청 소재지에서 다른 도청 소재지로 이동을 하기 위하여는 약 4~5시간 정도의 시간이 소요되었다.

마산에서의 일이다.

임원과 직원의 출장비 기준이 틀리기 때문에 나는 호텔을 이용할 수가 있지만 기사는 호텔에서 기숙을 할 수가 없었다. 그래서 나는 나의 방에서 기사가 함께 기숙을 하도록 하였다.

그런데 마산의 롯데크리스틸 호텔로 기억이 된다. 그날 밤 기사가 잠꼬대를 하며 무릎으로 나의 등을 세게 걷어차서 놀라 잠을 깬 적이 있다.

진짜 잠꼬대였을까? 아니면 너무 쉴 틈 없이 강행군을 하며 과로를 시키니까 고의였을까?

여하튼 늘 밝은 웃음으로 나와 동행을 하며 직무수행을 위하여 최선을 다해주던 그 기사의 모습이 생생하다.

영업 관리과에서 대구와 인천의 대리점 선정을 위한 서류 심사결과에 대한 결제가 올라왔다.

대구의 신청인은 부부가 고등학교 교장 선생님이었는데 남편 분은 먼저 정년을 끝내고 퇴직을 한 후 영남대학교 대학원에서 박사과정을 공부하고 계시는 분이었으며, 담보로 약정한 금액이 3억 원이었다.

인천에서 신청한 분은 교사를 하시다가 당시에는 학원을 운영하고 계시는 분이었는데, 담보 약정금액이 역시 3억 원이었다.

나는 두 분을 오시라고 해서 담보의 최소한도의 조건이 1억 원인데 3억 원을 약정한 이유를 들어보았다.

영업담당 과장이 향후 물건을 많이 팔기 위하여는 담보 평가액을 모두 약정 한도로 하는 것을 권유하였다는 것이다.

나는 그분들에게 제공한 담보물의 평가 금액이 3억 원으로 정해졌으니 우선 1억원을 한도로 약정하고, 추후에 필요할 경우 쉽게 증액할 수 있음을 알려주고 다시 고려하라고 하였다.

이분들의 결정은 내가 설명해준대로 경정이 되었다.

나는 담당과장들이 후에 판매가 활성화되었을 때를 생각하여 담보 평가액의 최고치를 약정하도록 권유를 하였으나, 담당 임원으로는 이 것이 반대로 밀어내기의 원인이 되어 대리점을 부실화하고 부실채권을 만들 수 있으므로 이를 미리 예방하기 위한 조치였다.

나는 영업부서의 관리자와 직원들에게 삼성전자와 대리점의 관계에 대한 원칙을 가끔 설명하고 지키도록 하였다.

삼성전자와 대리점은 각각 별개의 독립된 법인이고 대리점의 사장들은 자신의 재산을 투자하여 자신들의 책임 하에 경영을 하고 있는 독립된 법인이고 인격이라는 것을 인식하도록 하고, 대리점의 법적인 위치와 권리를 인정해야 하고, 대리점의 사장도 삼성전자의 사장과 같은 사회적 예우를 해야 된다고 하였다.

대리점은 삼성전자의 하부 조직이 아니고, 우리의 제품을 사주는 고객인 것이다.

삼성전자는 제품의 공급자이고, 대리점은 소비자에게 삼성의 제품을 전달하고 이익을 취하는 이해관계의 당사자이고 협력자이다.

따라서 삼성전자라는 조직의 힘을 등에 업고 대리점 임직원에게 군림하려하지 말고 상호 존중할 것을 권유했다.

우리 모두가 삼성의 직을 떠난 후에도 그 분들과 상호 인격을 존중할 수 있는 사회적 인간적 관계를 만들어가도록 할 것을 부탁하였다..

하드웨어인 컴퓨터본체는 공장에서 계획에 의거 생산을 하고, 컴퓨터를 이용해서 사용할 각종 소프트웨어제품의 확보를 위하여 소프트웨어 개발회사를 발굴하고 그 회사들에게 컴퓨터를 무상으로 지원하거나 개발비용을 지원하고 적정물량을 발주하며 독려를 하여야 하였다.

그리고 컴퓨터를 사용할 수 있는 잠재소비자를 발굴확대하기 위하여 교육기관과 협력 체제를 만들고 그들에게 컴퓨터를 지원해주었다.

그리고 이 소프트웨어 회사의 개발담당 직원과 교육기관의 강사를 위하여 컴퓨터사업본부에서 MS-DOS 교육을 별도로 실시하였다.

이때에 특히 기억에 남는 일들이 있다.

연세대학교 사범대학의 교육학 교수로 재임하시다가 정년퇴직을 하셨던 오 교수님이 소프트웨어개발과 관련하여 특히 기억에 남는다.

내가 41살에 정보산업 개척의 역사에 동승을 하였는데 그분은 이제 막 정년퇴직을 한 60 중반의 교육자로써 이제 겨우 탄생한 개인용 국산컴퓨터를 후진과 제자들을 위하여 교육교재로 개발할 생각을 하셨다.

그 노교수님께서는 퇴직 후에 초 중 고등학교 학생들이 모든 학문의 기초인 수학원리를 쉽게 배우고 이해할 수 있도록 하기위하여 새로운 방법의 교재연구를 하고 있었다.

그 시점에 국산 개인용 컴퓨터가 개발, 보급이 되게 된 것이었다.

그래서 그 교수님은 이 컴퓨터를 이용하면 매우 효과적이며 동시에 학생들이 스스로 학습할 수 있을 것으로 판단을 하셨던 것이다.

그 때문에 그 당시 그 연령에 이 컴퓨터를 이용한 수학교재를 개발하는 어려운 연구를 시작하고자 한 것이었다.

그분이 1983년 후반기에 회사로 나를 찾아오셨다.

언론 매체에 소개된 것을 보고 찾아오셨을 것이다. 삼성이 SPC1000을 개발하여 시장공급을 시작한다는 기사를 보고, 본인이 개발하고 있

는 수학교재를 컴퓨터로 개발하여 학생들이 쉽게 사용할 수 있게 하고
싶으니 지원해 줄 수 있느냐는 제안이었다.

　일단 그 제안의 내용과 목적이 분명하시고 논리가 정립이 되어있고
우리가 확보하고자 하는 소프트웨어로써 충분한 가치가있기 때문에 나
는 검토를 약속하였다.

　그리고 그 교수의 마포 공덕동 개인 연구실을 방문하였다.

　대학원 제자 및 중, 고등학생을 가르치고 있는 현직 교사 몇 분과 함
께 팀을 구성하여 공동으로 연구를 하며, 교재의 원고를 작성하고 있
었다.

　퇴직을 한 노 교수의 교육적 목적과 도전적 모습이 우리의 사업목표
와 공감대를 이루었고, 그 교수 팀들의 열정을 믿고 나는 30대의 개
발용 SPC1000을 무상으로 대여하기로 하였다.

　그리고 개발에 필요한 다른 자재와 정확한 기억이 나지는 않지만 얼
마의 비용도 지원을 하였다.

　이 팀들이 밤낮으로 노력하여 개발한 컴퓨터용 교육교재는 카세트
테이프에 수록되어 교사와 학생들에게 공급되었으며, 우리나라의 개인
용 컴퓨터에 탑재하는 최초의 교육용 소프트웨어가 되었다.

　33년 전에 만났던 그 교수의 이상과 열정이 지금도 기억되며, 그 분
의 이상과 열정에 존경과 경의를 보낸다.

　그 당시에 산업계에서는 일본에서 사양사업을 한국에서 시작하면 경
제성장 속도에 맞추어 성공할 수 있다는 별로 즐겁지 않은 말이 있었

다. 그래서인지 정보산업개발에도 일본의 사례를 많이 연구하고 벤치마킹하였었다.

반도체, 컴퓨터, 소프트웨어, 주변기기, 부품 사업들을 살피고 그것들을 한국 현실에 맞게 조정을 하며 정보산업도 시작이 되었으며, 유통에서도 대표적으로 참고한 것이 일본의 아키아바라 전자전문시장 이었고, 이를 참고하여 개발한 것이 용산의 전자전문시장이었다.

청계천상가에 다른 상점들과 섞여서 여기저기에 영세하게 흩어져있던 전자상가들을 이 용산 전자전문시장을 개발하여 이전하게 함으로써 근대적 전자전문시장의 효시를 열게 된 것이다.

그렇게 모든 산업을 쫓아만가던 위치에서 그 후 30년이 지난 지금 우리는 이제 전자부문에서 일본을 모든 면에서 압도하고 있다고 자부할 수 있게 되었다.

그 당시에는 삼성에 원자재나 부품을 납품하거나, 삼성의 제품을 판매하는 사업관계를 맺기 위하여 많은 사람들이 노력을 하였었다.

삼성제품의 품질과 인지도, 삼성 관계사들의 거래 투명성, 그리고 삼성이 시작하는 사업의 성공가능성과 결제조건 등이 시중에는 호평을 받고 있는 때였다.

그러니 삼성의 컴퓨터사업과 관련하여 삼성과 사업관계를 만들고자 하는 사람들이 많이 있었다.

그 중에는 내가 주관을 하고 있는 하드웨어, 소프트웨어, 전문교육기관과 관계된 대리점이나 판매점의 개설허가를 받는 것 또한 많은 관심과 큰 이권의 대상이 되어있었다.

그래서인지 비서실 감사팀에 이 대리점 개설과 관련하여 내가 부적절한 대리점 선정과 비리가 있었다는 투서가 있었다.

　감사팀은 나에게 알리지 않고 내사를 한 다음에 문제가 전혀 없는 허위투서였음을 파악하고 나에게 감사결과를 알려준 적이 있었다.

　그때 투서를 한 사람에 대한 인적사항을 알려주며 오히려 주의를 부탁하였었다.

　그분은 결국 비서실로부터 사직을 권고 받고 회사를 떠나게 되었다.

　그분은 나에게 아주 가까운 위치에서 나를 보좌하는 임무를 맡고 있는 고문으로써 연령상으로 선배 되는 분이었다.

　물론 인생을 여기까지 오면서 유사한 일들을 수차 겪으면서 인간의 본성과 인간관계에 대한 많은 생각을 하게하였지만, 인간인 나 자신을 돌아보게 되고, 인간관계에서 항상 애석함과 안타까움을 남기게 되는 일들이었다.

　이런 과정을 거쳐서 우리나라의 정보산업시대의 여명이 밝아왔고, 1983년 이후 30여년이 지난 지금 세계제일의 정보산업국으로 우뚝 서 있는 조국을 바라보며 그 시대를 함께 했던 많은 분들과 함께 긍지를 느끼게 된다.

　오늘 우리가 누리고 있는 정보산업선진국의 환경은 그 시대를 개척한 많은 선배들의 열정과 땀으로 이루어졌음을 현재의 우리들이 인식하고, 지금 우리는 미래의 후손들을 위하여 무엇을 해야 하며, 어떤 의무와 책임이 있는지 돌이켜볼 수 있는 기회가 되기를 소망한다.

기증 경쟁

우리의 기술로 개발한 개인용 컴퓨터가 출시되면서 삼성전자와 금성사(현재 LG 전자)는 시장의 선점을 위한 경쟁이 치열하게 전개되었다.

총 대신 제품을 손에 들은 전쟁이라고 할 수 있을 정도로 그 경쟁은 치열한 사투라고 할 수 있을 것이다.

기술개발, 제품개발, 홍보, 판촉, 시장점유 등 경영의 전반에서 양사는 한 발짝도 양보할 수 없는 경쟁을 하였다.

이 전쟁을 방불하게 하는 경쟁이 대한민국 전자산업을 세계제일의 위치에 오르게 한 원동력이 되었다.

그 일환으로써 자사 컴퓨터를 사용할 줄 아는 미래의 고객을 확보하기 위하여 초 중 고등학교 학생을 대상으로 한 교육사업 지원이 있었다.

단기적으로는 성인교육기관을 통하여 자사제품을 사용하여 교육하도록 지원하였고, 장기적으로는 청소년교육기관을 통한 자사브랜드 제품을 사용하여 교육을 하도록 지원을 하였다.

이 교육기관에 대한 교육지원을 통하여 자사제품의 이용에 익숙하게 하여 미래의 고객을 선점함과 동시에 브랜드 이미지를 고객에게 기억시키기 위한 것이다.

이렇게 경쟁을 통하여 양사는 스스로 시장을 개척하고 창조하는 역할을 하는 것이다.

동시에 정부는 미래한국의 정보화 사회를 개발, 발전시키기 위하여 이 교육기관들이 컴퓨터사용 교육을 실시하도록 제도를 정비하고 지원을 하였다.

이 장기교육사업이 오늘날 대한민국의 정보산업 환경이 세계최고의 수준에 이르게 한 가장 중요한 원동력이 되었다고 생각한다.

개인용 컴퓨터사업에 참여한 기업은 삼성, 금성, 대우, 현대, 삼보 외에 여러 기업들이 있었다.

그 중에서도 전자산업 분야에서는 삼성과 금성이 기술개발, 제품개발, 시장개척에서 치열한 경쟁을 하며 선도적 역할을 하고 있었다.

장단기 시장경쟁 중에서 이 교육을 통한 경쟁 역시 양사가 그것을 주도하며 선제적으로 관련기관을 공략하면서, 제품의 기증과 지원을 선도하고 있었다.

그리고 정부에서는 한국통신공사를 통하여 지원을 권장하였고, 한국정보통신공사는 예산확보를 위하여 공중전화의 낙전(전화를 걸고 남은 잔돈)을 이용하여 개인용 컴퓨터를 구매해서 초, 중, 고등학교에 컴퓨터교실을 개설하여주기도 했다.

교육의 목적으로 일정한 교육장을 준비하고 강사를 확보하면, 삼성은 컴퓨터와 강사교육을 지원하는 형태가 일반적이다.

이런 지원방안이 알려지면서 많은 지원요청을 받았었는데, 그 중에 아직도 기억에 남아있는 몇 군데가 있다.

총무처전자계산소의 공무원 전산교육센터가 기억난다.

그때 전자계산소를 담당하고 있던 김 국장님을 만나 약 50대를 기증하기로 약속한 후, 계산소는 교육실을 준비하고 삼성은 컴퓨터를 준비하여 약속한 날짜에 한국정부 최초로 공무원을 위한 개인용 컴퓨터 교육실을 개설하였다.

그리고 나는 사무관급 이상의 간부 교육시간에 정보화의 미래에 대한 특강을 하였다.

15년~20년 후에는 반도체의 용량확장과 컴퓨터의 소형화와 무선통신의 확대, 그리고 기능의 발전을 통하여 팔목에 착용하는 C&C 컴퓨터가 개발될 것이며, 이 팔목시계를 착용하면 여러분들이 지구의 반대쪽인 아마존 밀림에 출장을 가도 가족과 영상으로 실시간 통화가 가능할 것이라는 나 나름의 예측 강의를 하였었다.

또 반도체의 크기가 극도로 소형화되어 개인의 필요한 모든 정보를 기억시키고 이것을 귀걸이를 하는 위치에 피하내장 시술을 통하여 내장을 하면 지참하는 주민등록카드가 없어지고, 실시간에 그 사람의 위치와 이동을 확인할 수 있을 것이라는 예측도 여담처럼 강의를 한 적이 있다.

지금 와서 보니 휴대전화가 팔목에 착용하는 컴퓨터를 대신하고 있으며, 팔목시계 형으로 진행을 하고 있다.

또 반도체 귀걸이는 스마트카드 형태로 발전이 되었고, 미래에 피부내장형 귀걸이 형태로 발전하지 않을까하는 추측을 해본다.

또한 스마트 시를 구축하여 사람들의 위치와 행동을 실시간으로 확인하게 되어서, 사실상 개인의 프라이버시 보호라는 것은 유명무실한 때가 되었다.

이러한 모든 기술을 특수기관요원들은 이미 실무와 실전에 사용을 하고 있을 것으로 예측이 되기도 한다.

되돌아 와서 말을 하면 총무처를 시작으로 육군교육사령부, 육군행정학교, 해군본부 등에 기증을 하고 감사패나 기념패를 받았었다.

대전에 있는 육군교육사령부에 기증할 때는 조 장군이 사령관을 하고 있었고, 향후 군도 컴퓨터를 이용해서 더 선진화된 전투력을 양성해야하며, 개설한 컴퓨터교육장을 통하여 군 인재양성에 많은 기여를 할 수 있게 되었다는 감사의 인사를 받았던 기억난다.

그리고 그때 오래 헤어졌던 친구인 이 장군을 반갑게 만났던 기억도 잊을 수가 없다.

서울 송파에 있는 육군행정학교에서도 컴퓨터강의실 개설을 희망하며 컴퓨터지원을 요청하여 기증과 함께 행정학교 교장을 방문하여 만난 적이 있었다. 그 교장은 강 장군이었다.

그 교장이 나와 만나는 본인의 집무실에 참모들을 모아놓고, 현대의 군 지휘관은 경제도 알아야한다는 대통령의 말씀이 있었다는 것을 참모들에게 전하면서 앞으로 이 이사를 자주 초대하여 기업경영에 대한 공부를 하자고 의견을 개진하기도 하였다.

그로해서 그 후에 2~3차례 정도 더 행정학교를 방문하게 되었다.

해군본부에 기증을 했을 때 만났던 지휘관은 기억이 나지를 않는다. 단지 큰 강당에서 장병을 모아놓고 기증식을 했던 기억만 남아있다.

그 외에도 여러 곳의 초, 중, 고등학교와 기관에 무상 컴퓨터교실 지원을 하였는데, 지방자치단체 한 곳에 기증을 하였던 기억이 새롭다.

전라북도 김제군 광활면에 행정전산화 시범사업에 기증했던 기억이 남아있다.

전라북도에서 주민등록 등을 시범개발하고 이것을 다른 군과 면의 공무원들에게도 견학할 수 있도록 하기위한 것이었다.

정확한 지원 대수는 기억이 나지 않는데 20여 대를 지원하였을 것으로 추측이 된다.

전주에서 김제 평야를 가로 질러서 한참을 가야만 도착할 수 있는 곳에 위치하고 있었는데, 산이 하나도 보이지 않는 광활한 김제평야의 한 가운데 위치해 있었으며, 면 전체에 산이 하나도 없는 국내 유일한 면이었다.

즉 토지대장에 지목이 산으로 되어 있는 토지가 하나도 없는 면이었다.

그래서인지 면의 이름도 광활면 이었다.

전라북도 도청의 전산실 사무관인 이 사무관과 협력하여 이 광활면에 면 단위의 지방행정을 개인용 컴퓨터를 이용하여 처리하는 시범사업을 하고, 삼성전자가 필요한 컴퓨터와 프린터 등을 지원하였던 것이다.

이때 알게 된 이 사무관은 그 후 도청의 국장을 거쳐 익산시 부시장을 역임하기도 하였다.

그리고 나는 평생을 그분과 친구로서 교우를 하며 지내고 있다.

이렇게 삼성전자와 금성사는 치열한 경쟁을 하며 세계를 향하여 뻗어갈 수 있는 역량을 키워나갔고, 그 선의의 경쟁의 결과가 오늘날 한국의 전자산업 특히 정보산업이 세계에 우뚝 설 수 있는 결과를 빚어내게 된 것이다.

양사는 모든 분야에서 경쟁을 해야만 하므로 미래의 잠재고객에게 자사의 브랜드이미지를 기억시키기 위하여 이런 기증경쟁도 해야만 했다.

그래서 우리는 기증할 곳을 스스로 찾아다니며 자사의 컴퓨터를 기증하기 위하여 섭외경쟁을 하기도 하였다.

그때에 나는 삼성전자 컴퓨터사업부에 몸담고 있었으며, 금성사 컴퓨터 사업부에는 구 상무가 경영을 맡고 있었다.

구 상무는 대학교 같은 과의 3년 정도 후배였으며 내가 군 복무를 마치고 복학을 하여 같이 수강을 하였었다.

우리는 이런 치열한 경쟁을 하면서 가끔 시간이 나면 저녁 늦게 만나 소주 한잔을 하면서 우리나라의 정보산업의 미래를 논하기도 하고, 세계시장과 기술동향에 대한 의견을 나누기도 하면서, 때로는 경쟁 프로젝트에 대한 상대의 입장을 탐색하기도 하였다.

아무튼 우리는 전자분야 최고경쟁기업의 컴퓨터사업 분야에 서로 몸담고 있으면서 때로는 만나 하소연과 푸념도 하고, 격려도 하면서 컴퓨터산업의 여명기에 동승하고 있었다.

후일 그는 나와 마찬가지로 ICT 중소기업을 하면서 만나기도 했는데, 그는 50대 후반에 일찍 세상을 달리하게 되었으며 이를 기억할 때

마다 오래 기간 격무에 과로가 원인이 아니었을까 생각하며 마음이 아프다.

　우리는 이렇게 그 이유와 내용을 모르면 이해가 안 되는 코미디 같은 경쟁도 하였던 것이다.

　삼성컴퓨터사업부에서 어느 교육기관에 개인용 컴퓨터를 50대를 공짜로 기증하겠다고 하면 금성사에서는 60대를 공짜로 기증하겠다고 제안을 하였다.

　금성사가 어느 교육기관에 그렇게 기증하겠다고 하면, 삼성에서 반대로 더 많은 것을 제안하였다.

　그리고 때로는 공짜로 주기위해서 섭외와 접대도 하였다.

　이유와 내용을 모르는 분들은 기증을 받으면서도 어안이 벙벙하고 황당하고 어처구니가 없었을 것이다.

　그렇지만 이것은 실제로 있었던 난센스이고 코미디이었다.

　기업의 경쟁에서는 이런 난센스와 코미디 경쟁도 몇 십 년을 내다보는 손익에 대한 분석과 냉정한 전략에 의하여 이루지고 있는 것이다.

　오늘날의 삼성전자와 LG 전자의 경쟁의 결과와 한국과 일본의 전자산업의 경쟁의 결과는 1,2년 동안의 어떤 특별한 전략의 결과가 아니고, 이러한 수십 년에 걸친 전략적인 경쟁을 통하여 이루어질 수 있는 것이었다.

교장 선생님

1984년 상반기 중이었던 것으로 기억을 한다

전화를 받았다. 부산에 있는 어느 종합고등학교 교장선생님이었다.

어느 종합고등학교 교장선생님인지는 지금 기억을 할 수가 없다.

그 교장선생님은 부산의 종합고등학교 교장선생님들 모임의 위원장이셨다.

그 교장선생님이 대표가 되어 부산에 있는 모든 종합고등학교에 개설되는 컴퓨터강의실에 설치할 개인용 컴퓨터 약 500대를 납품하였었다.

그런데 그것이 정상적으로 작동이 되지 않아서 그 컴퓨터를 모두 수거해 광화문에 있는 동아일보 앞에서 불을 질러버리겠다는 내용의 전화였다.

노발대발하면서 말씀을 하시기 때문에 자초지종을 정확히 여쭈어볼 수도 없는 상황이었다.

나는 무조건 내일 학교로 방문하겠다고 말씀을 드렸다.

그리고 내일 아침에 부산에 도착할 수 있는 열차를 알아보게 한 후에 문제의 내용을 확인하였다.

부산에 있는 어느 대리점을 통하여 SPC500을 납품을 하였다.

키보드가 정상적으로 작동하지 않는다. 이런 상황을 알 수 있었다.

이것은 대리점이나 부하를 통하여 해결할 수 있는 사안이 아니라고 판단되어 내가 직접 학교로 방문을 하기로 하였다.

서울역에서 저녁 늦게 출발하여 부산에 아침 6~7시쯤 도착하는 열차가 있었다. 침대석을 구입하여 열차에 올랐다.

아침에 도착하여 일을 처리할 생각에 침대에서 잠을 청하였으나 잠이 들 수가 없었다.

어떻게 교장선생님을 이해시키고 이 일을 해결할 수 있을 것인가?

이 사건이 지상에 공개되면 치열한 경쟁을 하며 국내외 시장을 개척해야만 하는 우리의 입장에서 치명적인 타격을 입을 수 있을 뿐만 아니라, 품질의 삼성이라는 그룹이미지에 엄청난 손상을 줄 수 있는 것이었다.

어떻게든 교장선생님을 잘 이해시키고 양해를 받아서 원만히 해결을 하여야하는데, 전화 통화한 느낌으로는 참 난감한 생각이 들었다.

교장선생님은 삼성으로부터 기만을 당했다고 생각하고 있는 것이다.

그러니 변상이나 다른 보상으로는 그 분노를 해결할 수가 없을 것 같은 예감이 들었다.

이런 저런 고민을 하며 한잠도 잠을 이루지 못하고 아침 일찍 부산역에 도착하였다.

기차역 화장실에서 되는 둥 마는 둥 고양이 세수를 하고, 택시를 잡아타고는 네비게이션이 없는 시절인지라 그 고등학교를 물어보면서 찾아갔다.

아침 일곱 시 조금 지나 학교 교장실에 도착하였던 것으로 기억이 된다.

복도에서 창밖을 보고 생각에 잠시 잠겼는데 교장선생님이 도착하였다.

아직 학교가 조용한 이른 아침이었는데 교장 선생님이 제일 먼저 출근을 했던 것으로 기억을 한다.

교장실에서 선생님과 마주하고 앉았다. 아주 잘 생기시고 지성적 인상이었다.

그 노여움은 지금 일일이 표현을 할 수가 없다.

일반적으로 기업에 대한 이미지가 호감적이지 못하던 그때에, 선생님은 믿었던 삼성으로부터 기만을 당했다는 분노를 조금도 진정하지 못하는 것이었다.

특히나 20여개의 고등학교를 대표하여 선생님께서 기종을 선택하고 구매결정을 하였는데, 그 학교 학생들에게 준 피해와 실망과 오해를 어떻게 감당할 수 있겠느냐고 하는 것이다.

나는 납품된 모든 컴퓨터를 새 것으로 교체해 드리겠다고 말씀을 드렸지만 수락할 수 없다는 것이었다.

반품을 받고 손해배상을 하라는 것이었다.

반품을 받고 손해배상을 하는 그 자체는 얼마든지 감수할 수 있는 것이었다.

문제는 이것이 언론에 공개되거나 경쟁사에 알려지는 것이었다.

이 500대의 거래가 앞으로 년 간 100만대를 수출해야하는 목표에 줄 수 있는 영향과 그룹 이미지에 손상을 줄 문제는 예측이 안 되는 것이다.

나는 교장선생님에게 호소하듯 설명을 했다.

- 이 컴퓨터는 아무런 경험도 기술도 없는 우리나라가 세계를 향해서 가기 위한 도전이라는 것

- 이 도전을 위하여 1,700명의 컴퓨터 사업부 임원, 기술진이 2년간 밤낮을 가리지 않고 최초로 개발을 하였다는 것

- 우리의 기술진들이 일본과 미국에서 기술을 배우며, 그들에게 멸시와 모욕을 당했던 이야기, 버려진 설계도면을 몰래 주워와 다리미질을 하여 펴고, 견본을 사다가보면서 실패를 반복하며 겨우 성공했다는 것

- 해외 바이어들이 우리의 제품의 기술과 품질을 이유로 구매를 기피하거나 가격을 부당하게 깎아내리는 일

- 이러한 것을 극복하기 위하여 컴퓨터사업부의 개발 엔지니어들은 군인들이 사용하는 야전 침대를 회사에 펴놓고 2년간 퇴근도 거의 못하며 기술개발과 품질 및 성능개선에 전력을 다하고 있다는 것

- 그리고 그 기술진과 직원들 중에는 교장선생님의 제자들이 함께 일하고 있다는 것, 이런 것들을 말씀드렸다.

그리고 그 젊은 직원들,

나에게는 후배들이고 교장선생님에게는 제자들인 그들이 꿈을 이룰 수 있도록 도와달라고 호소를 하였다.

교장선생님은 제자들의 이야기에 노기를 띠었던 표정이 엄숙하게 달라지면서 자세를 달리하시는 것이었다.

냉정을 찾으신 교장선생님은 어떻게 해결할 수 있느냐고 반문을 하시는 것이었다.

문제의 원인은 학교의 교육용을 원가를 절감하여 싸게 공급할 수 있도록 개발을 하였었다.

원가를 절감할 수 있는 방법 중에 하나로 글자판의 키보드 하나하나에 개별적으로 사용하는 스프링 대신에 전체 글자판을 하나의 고무보드로 사용하여 제작을 하였었다.

이 교육용 컴퓨터의 모델명을 SPC500이라고 하였었다.

고무의 반발력으로 눌렀든 키보드의 자판이 원위치로 돌아오게 하였는데, 시간이 가면서 고무의 탄력이 감퇴하여 글자판을 누르고 난 뒤에 원상회복이 되지 않는 것이었다.

나는 키보드를 덮고 있는 고무판의 기능이 정상이 아니라는 것을 알았고 이 문제를 바로 해결하여 전량 교체해드리겠다고 교장 선생님께 제안을 하였다.

나는 확인서를 써드리고 바로 돌아올 수 있었다.

물론 그 컴퓨터는 바로 성능개선을 하였고 전량 교체해드렸다.

그렇게 화를 내시던 교장선생님께서 제자들의 노력과 애로사항, 그리고 그들의 희망에 대한 이야기를 들으시고 즉시 자세를 바로 하시고 이성적으로 임하시던 그분의 스승으로의 인격과 제자에 대한 사랑과 무한 책임의식에 감동을 금할 수가 없었다.

그분에 대한 깊은 존경의 마음은 아직도 변함이 없다.

그 해의 겨울이었다.

멀리 제주도에서, 그것도 서귀포에서 걸려온 전화였다.

서귀포 여자고등학교의 여자교장선생님이었다.

조용한 음성에 지성적 언어로 전화를 주셨다.

컴퓨터사용에 애로가 있어서 부탁할 것이 있고, 또 다른 상의도 하고 싶은 말이 있으니 어렵더라도 임원이 꼭 와달라고 하는 부탁의 전화였다.

약속을 하고 비행기를 탔다.

제주도 출장, 아니 여행은 처음이었다.

어떻게 하다 보니 내 나라 땅인데 처음 가보는 출장이 되었다.

제주공항에 도착을 하였다.

폭설이 내려서 한라산을 비롯하여 온 제주도가 하얀 눈에 덮여있었다.

바다바람에 눈이 휘날리며 구름이 무겁게 내려앉은 흐린 날씨였다.

택시를 대절하여 타고 한라산을 가로질러 서귀포를 향해서 갔다.

기사는 매우 조심을 하며 서행운전을 하였다.

구름이 끼고 한산한 한라산을 가로질러가는 길에는 자동차 건 사람이 건 거의 눈에 뜨이지가 않았다.

얼마나 걸렸는지는 기억이 나지를 않는다.

어쩌다 사람들의 열정으로 열기가 가득한 사무실에서 숨 가쁘게 달리던 시간을 떠나 이곳까지 오게 되어 홀로의 시간을 가질 수 있게 된 지금, 택시 뒤에 앉아 긴장을 좀 내려놓은 상태에서 시야를 스치는 한라산의 설경과 흩날리는 눈바람을 바라보고 있으니, 많은 생각들이 머리를 스쳐지나가면서, 지금 내가 하고 있는 일들에 대한 의미를 되짚어 가게 된다.

　한편으로는 가난한 나라의 젊은이로서 책임과 의무를 다해야 되겠다
는 열정이 느껴지기도 하고, 한쪽으로는 자신과 가정을 돌아볼 틈도
없이 쫓기는 이 삶이 어떤 의미를 갖는지 의문이 들기도 하였다.

　그래도 현재 나에게 주어진 사회적 책무를 다해야된다는 현실적 문
제를 안고 이 길을 달려야만 하는 것이 운명처럼 느껴지기도 하였다.

　이러 상념을 반복하다보니 택시는 서귀포로 들어서고 있었다.

　목적지에 도착하여 학교를 찾았다.

　50대 후반쯤 되어 보이는 여자교장선생님이 기다리고 있었다.

　점심시간이 되었다.

　교장선생님 외에 2~3명의 선생님들과 포구에 있는 음식점으로 이동
을 하였다.

　어선들이 바다에서 잡아온 해산물들을 바로 사서 요리를 해주는 집
이었다.

　주문이 끝난 다음 교장선생님께 무슨 애로사항이 있으신지 여쭈었다.

　이 학교에서는 교육용으로 SPC1000을 30여대 구입하였는데 원활이
사용을 못하고 있다는 것이었다.

　또 하나는 학생들에게 컴퓨터에 대한 기술적인 내용과 미래의 전망
에 대하여 가르쳐주고 싶은데, 이 벽지에서 그에 대한 자료를 구하거
나 공부를 할 수 있는 기회가 없어서 스승으로 제자들에게 미안하다는
것이었다.

　이러한 문제를 어떻게 해결해야 되겠는지 이야기도 듣고 상의도 하

고 싶었다는 것이었다.

문제라기보다는 간곡한 호소를 하시는 것이었다.

나는 오면서 무슨 문제가 또 발생을 하였으며 어떻게 대처를 해야할 것인가 걱정을 하였는데, 의외로 걱정했던 그런 문제가 아니었다.

나에게는 걱정했던 것에 비하여 안도가 되는 일이었지만, 그 교장선생님은, 후배 선생님들이 컴퓨터를 잘 배워서 제자들을 바로 가르칠 수 있게 하겠다는 책임감과, 제자들에게는 미래의 문명을 열어갈 컴퓨터에 대하여 잘 가르쳐주어야겠다는 스승의 의무를 무겁게 느끼고 계셨으며, 그런 것에 도움을 요청하기 위하여 나를 직접 만나기를 원하셨던 것이었다.

회사에서는 분초를 따지며 바쁘게 생활해야했음에도 불구하고, 이렇게 제자들을 위하여 책임과 의무 이상의 사랑을 가지고 가르치고자 하는 이 벽촌학교의 여자교장선생님의 뜻이 너무 아름답고 고결하게 가슴에 와 닿았다.

나는 컴퓨터 사용에 대하여는 내가 알고 있는 것을 설명을 드리고 함께 동석한 컴퓨터교육담당 선생님들을 회사부담으로 초청을 하여 교육을 시켜드리겠다고 약속을 하였다.

컴퓨터와 관련한 문명의 미래에 대하여는 시간이 허락하는 범위 내에서 내가 알고 있는 것을 말해드리고, 관련 책자와 자료를 보내드리기로 약속하였다.

점심은 교장선생님께서 지불을 하겠다고 고집하셔서 그 후의를 받아드렸다.

그리고 서귀포에서 생산한 젓갈을 선물해주셔서 그것도 받았다.

여유와 정겨움이 있는 대화 속에서 잠시나마 긴장된 생활을 잊고 무엇인가 삶의 제 모습을 찾은 듯한 착각을 했던 기억을 가지고 있다.

일을 마치고 다음날 제주시로 돌아왔다.

탑승시간까지 여유가 있어서 기사에게 그 시간 내에 돌아볼만한 곳이 있으면 안내를 하라고 하였다.

그 기사가 안내를 한 곳은 용두암이 있는 바닷가였다.

그 용두암을 옆에 하고 겨울의 찬바람에 파도가 울렁이는 겨울바다를 바라보며 무슨 생각을 하는 듯하였지만, 갑자기 얻어진 한가함이 무슨 죄를 짓는 듯 내 마음을 채찍질하며 본연의 자리로 돌아갈 것을 요구하는 듯하였다.

그래, 빨리 제자리로 돌아가서 함께하는 동료들과 우리 시대의 사명을 위하여 할일을 해야지.

어느 전자계산소에서

　삼성전자 컴퓨터사업부에서는 1984년 말경 16비트 CPU를 장착한 업무용 개인 컴퓨터인 SPC2000을 개발하였고, 이의 판매를 위하여 고군분투하고 있을 때였다.

　한 정부기관에서 SPC2000과 동급의 컴퓨터를 전국 군 단위 규모로 구입, 설치한다는 정보를 입수하였다.

　이 정부기관은 상당히 강력한 권력을 가지고 있는 기관 중에 하나였다.

　그 부처와 관련자를 여기서 구체적으로 밝힐 수는 없지만, 이 이야기를 꼭 남기고 싶다.

　그 해의 9월경이었다.

　그 정부기관의 전자계산소에서 업무용 컴퓨터 구입이 있었고 그 물량이 약 500대 정도 되는 프로젝트로써 국내에서는 상당히 많은 구매였다.

　그때까지는 16비트 개인용 컴퓨터로는 미국 IBM 제품인 IBM550과 일본 NEC 제품인 NEC5200이 국내에서 공급되고 있었다.

　이때에 SPC2000이 개발 생산되어 시장 판매가 시작된 것이다.

　나는 정부기관인 그 전자계산소의 소장이며 직급이 서기관 급인 '김' 소장을 찾아갔다. 그 분은 그 당시 나보다 10년 정도 연상인 사회의 선배되는 분이셨다. 그 소장에게 삼성에서 이번에 새로 개발을 하였고, IBM550과 호환기능을 가지고 있는 SPC2000을 구매 검토대상에 넣어 달라고 요청을 하였다.

그리고 우리나라에서 최초로 개발한 16비트 컴퓨터이니 정부기관에서 이 제품을 구매해서 사용하면, 바이어들에게 품질과 성능에서 신뢰받을 수 있고 따라서 국산 컴퓨터의 해외진출을 위한 아주 큰 지원이 될 수 있다고 하였다.

그 전자계산소에서는 내면적으로 이미 IBM550을 본체에 연결하여 시험을 하면서 필요한 소프트웨어 개발하기위한 지원을 하고 있었다.

그러나 그 소장은 나의 제안과 간청을 단호하게 거절하였다.

본인은 그 부처의 업무가 이상 없이 처리되는 것이 목적이고 임무이지, 국산이니 외국제이니 하는 것은 자신과 무관하다고 하는 것이었다.

얼핏 들으면 본인의 직무에 충실하겠다는 지극히 당연한 논리로 들리는 것이었다.

그러나 그 속에는 국가 공무원이 왜 자신의 직무에 충실해야 되는지 하는 국가적 목적의식이 상실된 논리였던 것이다.

일단 그 상위 목적에 대한 것을 이해하고, 법적이며 절차적인 문제가 검토되어야 하는 것인데 논리가 전도된 것이었다.

국가의 중견공무원으로부터 이 무책임한 말을 듣는 순간 이 제품을 개발하기위하여 후배들과 겪었던 어려움과 고뇌와 기술부족으로 당해야했던 모욕을 참아왔던 생각이 머리를 스치며 목이 메어서 더 대화를 할 수가 없었다.

116

나는 아무 말 없이 일어서서 그 사무실을 나왔다.

검토나 시험의 기회도 주어지지 않은 채, 그런 무책임한 말로 거절을 당했던 것이 너무도 참을 수 없는 울분이 되었다.

나는 마음을 다시 다지고 자료를 준비하여 그 소장을 다시 찾아갔다.

그때 두 가지의 신문기사를 함께 준비했다.

하나는 대졸자의 실업이 증가하여 이를 우려하는 어느 신문의 기사였고, 또 하나는 현대 포니자동차가 미국에 첫 수출을 하였다는 기사였다.

나는 이 두 가지 신문 기사를 스크랩해 가지고 다시 그 전자계산소를 찾아가서 그 소장에게 SPC2000의 검토와 시험을 할 수 있는 기회를 줄 것을 간청하였다.

똑같은 대답을 들어야만했고 다시 재론하지말자는 대답을 들어야했다.

나는 그 두 가지 기사를 그 소장에게 내보이며 호소를 하였다.

지금 대학을 졸업한 젊은 청년들이 직장을 구하지 못하여 온 국민이 우려하고 있는데 이것이 누구의 책임인가를 물어보았다.

그리고 나와 김 소장 같은 어른들 모두의 책임이 아니겠느냐고 질문을 하였다.

본인에게는 직장을 만드는 책임은 없다는 것이었다.

국민의 세금으로 월급을 받고 있는 정부의 책임자들이 이에 대한 책임이 없다면 누구에게 책임이 있는가를 물었다.

아버지로서, 형으로서, 선배로서, 정부의 책임자로써 당연히 젊은이들

에 대한 직접적 간접적 도의적 책임이 나와 당신에게 함께 있는 것이
아니냐고 물었다.

그리고 두 번째 기사에 대하여 설명하였다.

삼성그룹에서는 현대자동차를 돕기 위하여 그룹의 전 임원의 업무용
자동차를 모두 국산자동차로 교체를 하였다.

자동차는 사람의 안전과 생명에 직접적 영향을 줄 수 있음에도 우리
는 한국의 자동차산업의 발전을 위하여 협력을 아끼지 않았으며, 이러
한 국민적 성원을 통하여 현대자동차가 미국에 상륙할 수 있게 된 것
이다.

그렇지만 컴퓨터는 인명과 직접 관계가 있는 것은 아닌데, 왜 검토의
기회조차 줄 수 없는 것이냐고 물었다.

그 소장은 이 질문에 대한 답은 하지 않았다.

이유가 어떻든 SPC2000을 검토할 의사가 없다는 것이었다.

어찌하겠는가? 다시 돌아올 수밖에 ------

그래도 나 역시 그냥 포기할 수는 없었다.

수소문을 하여 그의 상사 되는 국장에게 이러한 사연을 호소하였다.

그리고 그 국장의 사무실에서 그 소장과 내가 다시 만났다.

광화문 정부종합청사 안에 있는 그 국장의 사무실로 같다.

빽빽한 일반 공무원의 사무실과 전혀 다르게 빨간색의 양탄자까지
깔려있는 넓은 사무실에 커다란 책상과 함께 기다란 응접세트가 놓여
있는 것이 너무 시대에 어울리지 아니하고 촌스러워 보이고 어색한 생
각이 들었다.

지금도 그러한지는 모르겠지만 국장실은 과 단위 사무실 전체의 2배 정도는 되어보였다. 그리고 사무실 입구에는 여직원이 문 바로 앞에 책상을 붙여놓고 앉아있는 모습은 정부기관을 방문하면 어디나 똑같이 볼 수 있는 모습이었다.

　그리고 과장들은 철제 캐비닛으로 자신의 책상을 사방으로 막아놓고 그 안에 들어앉아 있는 것은 어디를 가나 볼 수 있는 정부기관의 폐쇄적이고 권위적이며 어색한 모습이었다. 나는 그 국장실에서 나의 요청을 다시 간곡히 설명하였다.

　그렇게 해서 그 국장으로부터 IBM 제품을 2/3, 삼성 SPC2000을 1/3로 고려해보라는 언질을 받았다.

　물론 SPC2000이 기능검사에 합격하는 것을 전제로 하였던 것이다.

　이렇게 하다 보니 그때는 10월 말이 되었고, 제품의 설치기간은 12월 말이었다.

　IBM550은 검토를 다 받고 충분한 시간을 갖고 필요한 소프트웨어 개발을 모두 완료한 상태였다.

　SPC2000은 11월 중에 검사를 다 받고 또 필요한 소프트웨어를 모두 개발 완료하여야 하는 최악의 조건인데다가 중앙 컴퓨터와의 연결 테스트를 할 수 있는 시간은 일과가 끝나고 난 밤중에만 가능하였다.

　장소와 시간만 배정이 되었을 뿐 그 전산소에서는 공식적인 지원자가 아무도 없었다.

　나는 회사에서 이 프로젝트를 위한 10여명의 특별팀을 구성하여 박과장에게 총책임을 부여하였다.

그런데 하드웨어 시험과 소프트웨어 개발을 위하여는 그 전자계산소 직원의 협조가 있어야하는데 공식적인 담당자 임명이 되어있지를 않고, 알아서 하라는 식이었다.

나는 그 전자계산소의 계장들 중에 한 분인 이 계장에게 간청을 하였고 그 계장이 또 다른 동료인 박 계장과 함께 과장의 눈치를 피해가면서 외부에서 필요한 자료를 전해주고, 설명을 해주었다.

그런 도움을 받으며 우리 팀은 밤낮을 그 전자계산소에서 작업을 하여 12월 15일경에 시험을 통과하고 소프트웨어를 모두 개발할 수 있게 되었다.

그런데 우리에게 배정된 지역은 강원도와 경상북도 산간벽지 지역이었다.

준비를 완료하면 실제 설치를 위한 기간은 크리스마스에서부터 일주일 밖에 시간이 없었다. 이 기간에 컴퓨터 150대를 그 산간벽지를 이동하면서 모두 설치를 하고, 다음 해 1월1일부터 사용할 수 있게 하여야하는 것이었다.

설치할 컴퓨터 물량을 준비하고, 조를 편성하고 차량을 준비한 후, 담당 직원들이 출발하였다. 그런데 연말이 되자 폭설이 쏟아지기 시작하였다.

본사에서는 설치팀들의 상황을 계속파악하고 사고나 문제에 대처할 준비를 하고 있어야 했다. 대부분의 팀들은 31일 밤까지 설치를 완료하고 보고를 한 다음 귀사길에 올랐는데, 가장 험준한 태백시에 마지막으로 설치를 하러간 팀의 연락이 두절되었다. 31일 밤을 지나고 1월

1일 오전까지도 연락이 되지를 않았다.

휴대폰도 없던 시절이니 유선전화밖에는 연락이 되지를 않을 때였다.

1일 오후 늦은 시간에 드디어 전화가 걸려왔다. 무사히 작업을 완료하였으나 폭설로 통신이 두절되어 밤새도록 이동을 하여 여주에 와서 겨우 전화를 할 수 있었다는 보고였다.

밤을 새우며 불안한 마음으로 초조하게 기다렸던 피로가 안도와 함께 엄습하여왔다.

이 결과는 우리 사업부에 아주 소중한 경험이 되었고, 또 다른 소비자에게 확실한 실적으로 제시할 수 있는 기회가 되었다.

그렇게 불리한 환경에서 직원들이 단합하여 초기의 많은 어려움을 극복할 수 있었던 경험은 오히려 자신감으로 되돌아왔었다.

내가 이 글을 꼭 쓰고자하는 이유는 무엇인가 남기고 싶은 메시지가 있기 때문이다. 그렇지만 한 마디로 줄여서 표현할 수가 없어서, 그 이유를 일목요연하게 쓸 수가 없다.

그 이유는 그냥 이 글을 읽는 독자의 추리로 대신하려고 한다.

그리고 위계가 엄격한 공직사회에서 상사의 눈을 피해가며 퇴근 후에 우리 팀을 지원해주셨던 그 두 계장, 그리고 결과적으로 기회를 주시고 독려해주셨던 김 소장께 지면을 통해 다시 진심으로 감사의 마음을 보낸다.

PC 경진대회

1983년에는 '정부의 정보산업 육성의 해'라는 선언에 의한 영향으로 정보산업을 지원하겠다는 정책이 여기저기서 발표되고 추진되었다.

그 중에 하나가 PC(Personnel Computer) 경진대회였다.

무슨 일로 만나게 되었는지는 기억이 안 나는데 과학기술처에서 근무하는 유 과장과 정보산업기술과 관련한 대화를 하던 중 컴퓨터사용 인식확산을 위한 경진대회를 개최하는 것이 어떻겠는가? 하는 의견이 나왔다. 서로 공감을 하고 그 경진대회를 추진하기로 하였다.

유 과장과 구 상무 금성사(지금의 LG전자) 그리고 나는 다시 만나서 이 구상을 구체화하기로 하고, 유 과장이 과기처에서 이를 주관하기로 하고 삼성전자와 금성사가 대회를 지원하기로 하였다.

대회개최에 대한 기획을 과기처주관으로 하여 유 과장이 담당을 하였고, 나와 구 상무는 회사를 대표하여 지원할 것을 준비하였다.

대회에 필요한 경비를 출연함과 동시에 대회장에서 사용할 컴퓨터를 제공하기로 하였다.

이에 따라 다른 PC 제조회사들도 동참을 하였다. 장소는 잠실실내 체육관으로 정하였다. 경진대회가 발표되고, 경쟁부문은 초등, 중등, 고등, 성인부문으로 구분되어, 등수에 따라 각각 시상하게 되었으며, 전체의 대상을 수여하기로 하였다. 한편으로는 과학기술처를 중심으로 삼성전자와 금성사 그리고 그 외 기업들이 동참하고 협력하였다.

또 한편으로는 다른 이면의 경쟁이 치열하였다. 특히 삼성전자와 금성사는 또 다른 경쟁이 시작되었다. 자사의 컴퓨터를 사용한 참가자의 숫자에서 1위를 하여야 함은 물론이고, 자사 컴퓨터를 사용한 참가자 중에서 대상 수상자가 나오게 해야 하고, 또 수상자의 숫자에서도 1위를 하게 하기위한 경쟁이 시작된 것이다.

이 경쟁의 가장 중요한 이유는 정부가 주관하는 전국적이며 최초의 컴퓨터 경진대회인 만큼 그 대회가 주는 홍보효과가 막강하기 때문이다. 자사 컴퓨터를 쓰는 사람의 비율이 높다는 것은 시장점유율을 뜻하는 것이고, 대상 수상자와 수상자 숫자는 자사 컴퓨터의 우수성을 알리는 결과가 되기 때문이다. 이러한 것이 기사화되어 미디어를 타고 전파될 경우 그 홍보효과는 대단하기 때문이다.

우리는 삼성의 SPC1000을 사용하는 사람들이 될 수 있는 한 많이 참가신청을 내도록 홍보하면서 지원을 하고, 각급 학교에서 컴퓨터 신동이라는 학생들을 학교로부터 추천받아 별도의 지원과 함께 연습할 수 있도록 하였다.

SPC1000을 이용했을 때보다 유리한 평가를 받을 수 있도록 평가항목과 평점기준을 제안하였으며, 삼성컴퓨터에 우호적인 심사위원이 평가위원에 많이 선정되도록 노력을 하였다.

참가자가 SPC1000을 사용하도록 권유하는 광고를 내고, 각종 시상을 하였을 때를 위한 예비기사도 작성을 하였고, 이 기회를 이용하여 홍보효과를 극대화하기 위한 광고기획도 미리 준비를 하였다.

삼성 SPC1000 사용자가 많이 카메라에 잡힐 수 있도록 자리 배치에도 신경을 썼다.

이곳에서도 경진대회 몇 개월 전부터 두 회사는 눈에 안 보이게 치열한 경쟁을 하였다. 홍보 판촉팀은 이를 위하여 몇 개월 째 긴장된 시간을 보내야했고, 드디어 경진대회가 열리고, 홍보팀을 비롯한 관계자들은 경진대회기간 며칠 동안 현장에서 시시각각으로 상황을 분석하고 대응을 하였다.

결과적으로 참석자 수와, 대상 수상자 숫자에서 삼성전자와 금성사는 서로 자기 쪽이 종합적인 우위를 차지했다고 홍보를 하였었다.

이때에 정부와 기업은 서로협력하면서, 기업 간에는 또 치열한 경쟁을 하여야했고, 이러한 협력과 경쟁이 대한민국의 정보산업을 세계시장에서 당당히 경쟁할 수 있도록 성장시키는 동기들이 되었다.

국가 전산망구축

대한민국정부는 1983년을 정보산업육성의 해로 정하고, 정보산업육성계획을 발표하였다. 국가정책에 대한 기대와 부응으로 삼성, 금성, 대우, 현대 등 그룹들이 대대적으로 정보산업에 투자를 시작하였다.

반도체, 컴퓨터, 주변기기, 부품 등 정보산업과 관련 있는 사업들에 대규모 투자를 시작하였다.

삼성은 초기에 반도체를 비롯하여 대형, 중형, 소형 및 개인용 컴퓨터까지, 모니터, 프린터를 비롯한 주변기기, Digital 교환기를 비롯하여 광통신까지, 그리고 각종 부품에 대한 것을 모두 검토를 하고 계획을 수립하였다. 이에는 삼성전자와 삼성반도체통신, 삼성전관, 삼성전기가 모두 임무를 가지고 각 회사가 맡은 분야에 대한 검토와 기획 그리고 기술개발 및 투자를 하였다.

삼성그룹은 반도체에 약 4천억 원, 전자 개인용 컴퓨터와 주변기기에 약 1천억 원의 투자를 계획하였고, 그 외 다른 회사들은 내가 기억하지는 못하지만, 양사에서 투자하는 규모로 유추해보면 삼성그룹 전체가 정보산업에 약 1조원의 투자계획을 수립하고 추진을 하였을 것으로 예측할 수 있다.

그리고 금성사도 역시 삼성과 같은 수준의 투자전략을 수립하였을 것이며, 그 뒤를 이어 대우와 현대도 거의 이 수준의 투자계획을 수립했을 것이다. 그러니 4대 그룹에서만 약 4조원에 육박하는 투자가 진행되고 있었다.

지금으로부터 약 35년 전인 그 당시 우리나라의 GDP와 각 그룹의 자산규모와 금융신용규모를 고려하면 이것이 얼마나 방대한 투자였는지 평가가 될 것이다. 각 그룹은 그룹 전체의 사운을 걸었다고 할 수 있고, 국가 전체적으로 엄청난 도전이라고 할 수 있었다.

내가 모든 분야의 세부적 사항을 알 수는 없다. 내가 맡았던 삼성전자의 컴퓨터사업부에 대하여 이야기를 계속해보고자 한다.

컴퓨터사업부는 연산 100만대의 개인용 컴퓨터생산과 그 외에 모니터 생산시설을 건설하였다. 4개 그룹 전체로 보면 연산 400만대의 컴퓨터 생산능력의 공장이 건설되고 직원이 고용된 것이다.

그런데 국내시장은 년 간 7만대가 전부였다. 그러니 각 회사는 숙명적으로 해외수출을 하지 못하면 엄청난 경영상 문제가 발생하게 되어 있었을 뿐만 아니라, 반도체 판매에도 타격을 주게 되어 국가경제 전체에 심각한 문제가 발생할 수 있었다. 나를 비롯하여 금성사의 구 상무 및 각 그룹의 컴퓨터 생산관련 임원들은 정부에 이 문제에 대한 협력이 필요하다는 제안을 하게 되었다.

그때에 청와대에는 홍 비서관이 정보산업육성정책을 담당하고 있었으며, 기업의 우려와 문제가 홍 비서에게 전달이 되고 이는 대통령에게 보고가 되었다.

그래서 기본적으로 청와대에서는 이 애로사항을 해결하기위하여 기업과 같이 대책을 검토하기로 하게 되었다.

기업들의 중요한 애로사항은 두 가지로 수렴할 수 있었다.

하나는 시장을 활성화하는 것이고, 또 하나는 외국바이어들에게 국산 컴퓨터의 성능과 품질을 믿을 수 있게 하는 것이었다.

이를 위하여 정부가 국산컴퓨터를 이용하여 업무를 전산화하게 되면 일단 국내시장의 활성화를 촉진하게 될 것이고, 정부행정의 컴퓨터 이용 결과는 외국바이어들에게 신뢰를 줄 수 있는 좋은 사례가 될 수 있을 것이라는 결론을 얻었다.

이어서 정부의 전산화를 어떻게 추진할 것인가? 하는 방안을 마련하기 위한 협의가 진행되었다.

나는 70년대부터 정부의 여러 기관과 금융기관, 그리고 기업들의 업무를 전산화하는 일에 많이 참여하고 있었기 때문에 그때 얻은 경험과 정보가 많이 도움이 되었다.

특히 정부기관의 전산화에서는 서울시청과 주민등록, 자동차등록업무 전산화에 대한 시범사업을 함께한 적이 있고, 내무부의 주민등록과 토지대장 전산화를 위하여 내무부의 지방행정지도과, 지적과 등과 마스터플랜 등을 작성하고 데이터베이스를 구축한 경험이 있었다. 그리고 총무처 행정전산화 정책자문위원을 하면서 전산화 현황에 대한 파악을 어느 정도 하였던 것이 도움이 되었다.

이때 이 업무를 담당했던 서울시청의 장 사무관은 후일 서울시청전자계산소의 소장을 역임하고 퇴직을 하셨으며, 내무부의 차 사무관은 예산시장을, 오 사무관은 해양수산부 장관을, 그 외 많은 분들이 후일

지방행정기관의 중요 직책을 역임하고 퇴직을 하였으며 지금까지 그 인연들을 이어가고 있다.

나는 이때에 함께 일하였던 정부 관련기관의 담당관들과 함께 지원 방안을 제안할 수 있었고, 이 제안들이 수렴되어서 국가전산망구축의 기본 안이 정리될 수 있었다.

이때에 정리된 국가기간 전산망이 행정망, 교육망, 금융망, 국방망, 보안망 등 5대 국가기간전산망이었다.

이 5개 전산망 중에서 행정망은 내무부가 주축이 되어 개발을 담당하고 나머지 망들은 관계부처에서 각각 추진하도록 하였다.

이를 강력히 추진하기위하여 국가기간전산망 추진위원회가 구성되고 각부 장관이 위원이 되고 대통령이 위원장이 되었다.

추진의 실효적효과를 제고하기위하여 실무추진위원회를 두고 각부의 차관이 위원이 되었고, 홍 비서가 간사를 맡아서 운영을 하였다.

대통령은 정기 국무회의의 제1보고 안건을 각부의 전산화추진계획과 실적 현황으로 하고, 그 실적에 따른 평가를 하였으며, 이 평가점수를 장관 및 부처 평가 점에서 100점 만점에 10정을 부여하였다.

이렇게 하여 국가기간전산망 사업은 조직과 제도에서 힘을 받을 수 있었으나 개발비의 조달이 가장 큰 문제였다.

정부는 자금조달지원을 위하여 전산망개발을 위한 진흥원과 데이콤을 설립하여 진흥원은 자금지원을 하고, 데이콤이 이를 선투자 방법으로 투자하여 개발을 하고 사후에 정산 상환하는 방식으로 대안을 정립하였다.

이렇게 1985년부터 국가기간정산망의개발이 촉진되기 시작하였다. 내무부는 국가행정서비스에서 가장 기본이 되고 중요한 콘텐트 환경이 되는 주민과 토지를 우선 추진을 하여 성공하였고, 이러한 전산망개발 추진전략은 그 후 성공적으로 진행되어 현재는 세계 제일의 e-정부를 구축할 수 있게 한 시발이 된 것이다.

우리가 정보산업육성과 e-정부구축 모두에서 성공할 수 있었던 것은 정보산업을 육성하기 위한 경제정책과 그를 지원하기 위한 정부의 전자정부개발 의지가 잘 조화를 이루었고, 그것을 실행하기 위한 자원의 조달방안이 잘 수립되어 차질 없이 진행되었으며, 주민과 토지시스템을 성공적으로 개발운영 함으로써 e-정부를 위한 기초정보의 인프라를 완성하였으며, 최고통치자의 확고한 의지와 강력한 추진이 있었기 때문이라고 판단한다.

반도체 생산 수율

　삼성이 반도체사업에 도전한 것은 엄청난 모험과 도전이었다는 것은 항간에 다 알려진 사실이다. 그렇지만 그 엄청난 모험만큼이나 성공을 위한 노력과 인내와 열정과 준비 또한 엄청난 것이었다.

　앞에서 말했듯이 삼성이 신규 사업을 기획할 때에는 사업 자체에 대한 기술, 시장, 인력, 자금 등에 대하여 완벽한 조사와 분석, 그리고 계획을 수립할 뿐만 아니라, 그것을 담당할 인재의 확보와 교육훈련에서도 사전에 완벽한 준비를 하여 사업의 추진이 시작될 때에는 일단 전략과 인재에서 이기고 시작한다고 하였다.

　반도체 개발과 생산은 초정밀, 최첨단 기술을 요구한다. 완벽한 생산관리, 품질관리 능력을 요구한다. 기술집약적이면서 자본집약적인 사업이다. 극도의 기술개발 및 원가절감 경쟁을 하여야 한다.

　경영상 이렇게 극도로 어려운 난제들을 집합해놓은 사업이기도 하다.

　그래서 지금도 새로운 반도체기업의 출현이 쉽지가 않은 것이다.

　이런 어려운 문제들을 해결하기위하여 삼성은 얼마나 많은 어려움을 극복했을 것이며, 이병철 회장의 경영자로서 사업가로서의 고뇌는 어떠했겠는가?

　같은 시기에 컴퓨터 사업과 함께 신규 사업으로 출발을 하였기 때문에 양쪽 팀은 회장실 회의에 거의 함께 참석을 하였고, 서로 상대 프로젝트의 진행상황을 들을 기회가 있었으며, 그래서 관심도 많이 가지고 있었다.

반도체사업계획을 수립하고 미국의 기술 및 시장에 대하여 많은 노하우를 제공한 60세를 막 넘어선 이 박사가 있었다.

그분은 미국에서 관련학문을 전공하고 대학에서 강의도 했을 뿐만 아니라 기업체에서도 근무를 하였기 때문에 반도체 분야에 많은 노하우를 가지고 삼성의 반도체사업개척에 참여를 하고, 또 미국의 있는 한국교포 전문가를 삼성에 소개하기도 하였다.

그분의 열의와 성실함으로 반도체에 대하여 전혀 경험이 없는 삼성의 임직원들은 짧은 기간에 많은 것을 배울 수가 있었고, 또 어려운 문제를 해결하는데 많은 도움을 받았었다.

삼성의 반도체 역사에서 이 박사의 역할을 빼놓을 수는 없을 것이다.

1983년에 어려운 과정을 극복하고 기술적인 면에서 최초로 반도체 개발과 생산에 성공을 하였다. 그렇지만 사업성에 성공을 하기 위해서는 생산 수율(Yield)이 목표치에 도달하여야 한다.

삼성이 반도체를 생산하는 기술을 개발하기 전에는 수율(Yield)이 40% 선에서도 손익의 타당성이 있었다.

그러나 시장에서 가격경쟁이 심화되고 있었으며, 삼성이 출시를 하였을 때는 경쟁이 더욱 치열할 것을 전제로 하면 수율(Yield)은 70% 이상이 되어야한다는 판단을 하고 있었다. 그래서 반도체공장에서는 이 생산 수율 제고를 위하여 그야말로 사투를 하고 있었으며, 그래서 이 수율변동에 대하여 매일 비서실로 보고가 되고 있었다.

그런데 반도체라는 제품의 정밀도가 머리카락을 몇 백만 개로 쪼개는 단위인 미크론 단위이다 보니 수율이 점진적으로 증가하다가도 갑자기 뚝 떨어지기도 하는 것이었다. 그래서 반도체공장의 생산관리팀과 품질관리팀 및 관리부에서는 갑자기 떨어지는 것은 배제를 하고 꾸준히 증가하는 수치를 보고하여왔던 것이다.

그런데 임원 인사이동이 이루어지면서 관리본부의 담당 임원이 교체가 되고, 그 교체된 신임 임원은 이러한 보고 상황을 사실대로 보고를 하면서 기존의 보고는 허위보고로 판단이 되었다. 그래서 한 임원은 해고가 되고 다른 임원은 강등이 되고, 또 다른 임원은 보직해제가 되어 버리는 참극이 발생했다. 어찌 되었든 이 수율 개선문제는 반도체공장의 가장 중요하면서도 영원한 과제인 것이다.

이 수율제고 과정이 길어지면서 삼성의 반도체 사업은 위기에 봉착한 적도 있었다. 자금 조달에 애로가 생기고, 전 국가적으로 자금소요가 급증한 상태에서 삼성은 그룹의 여신한도가 한계를 넘어버렸던 것이다.

자금사정이 극한 상태에까지 가게 되었는데 전 임직원의 각고의 노력으로 수출계약이 이루어짐으로써 자금조달의 길이 열리고 위기를 극복할 수 있었다. 1983년에서부터 1987년 내가 퇴직할 때까지 이 수율제고의 노력은 계속되었고, 퇴직 무렵에는 90% 선을 넘어섰고, 이러한 노력과 성취의 결과에 의해서 반도체사업에서 삼성이 세계적 경쟁력을 가지고 지금까지도 건재할 수 있는 계기가 되었다.

이 반도체 사업은 그 당시 이병철 회장에게는 가장 심혈을 기울인

사업으로써 11월 임종을 하시기 한 달 전까지도 저녁에 반도체 공장을 홀로 돌아보신 후에 그 다음날 입원을 하시고, 약1개월간 병원에 계시다가 작고를 하신 것이다.

그만큼 반도체사업은 회장의 입장에서는 미완성의 작품으로써 고뇌를 놓지 못하고 영면을 하였을 것으로 생각이 된다.

그분이 닦아놓은 기초 위에서 삼성의 많은 인재들은 끝까지 노력하여 그분의 유업을 완성시켜 한국을 대표하는 산업, 한국을 대표하는 기업으로 키워낸 것이다.

이렇게 그 위대한 프로젝트는 탁월한 한 영웅의 리더십 위에서 많은 인재들의 땀과 노력과 인내로 이루어질 수가 있었던 것이다.

기억의 단편들

(독일 병정)

삼성의 교육시스템은 1970년대부터 널리 알려진 사실이었고, 교육을 총괄하는 부서는 비서실 인사담당팀이었다.

1983년도 내가 삼성전자에 근무를 하고 있을 때, 교육을 총괄하고 있는 비서실 인사담당 임원은 임 이사였다.

임 이사는 귀족 형의 미남이었으며 공학을 전공하고 인사를 담당하면서 그림도 잘 그리는 다재다능한 인재였다.

그 임 이사가 연수원에서 교육을 받는 임직원에게 삼성의 교육제도와 시스템보다 더 엄격하게 교육과정을 운영하고 자신도 흐트러짐이 없는 자세 때문에 '독일병정'이라는 별명을 가지고 있었다.

피 교육자들은 임 이사가 교육장에 나타나면 자신도 모르게 엄숙해지고 몸의 자세를 바로하게 되고는 하였다.

미스테리

나와 함께 근무를 하였던 이 이사에게는 그 이유를 알 수 없었지만 비서실 등 주위에서 잘 이해가 안 되는 좀 비판적 질문이 있고는 하였다.

나의 관점에서는 업무에 대한 지식과 실력도 있었고 직무에 충실할 뿐만 아니라, 키가 크고 건장한 미남형이고 호감을 갖게 하는 동료였다.

그래서 그러한 질문들을 하면 나는 내가 생각하고 있는 대로 이야기를 해주고는 하였다.

내가 삼성을 퇴직하고 일진전자에서 대표이사를 하고 있을 때에 그는 삼성의 미국 현지법인에서 컴퓨터수출업무를 담당하는 전무로 근무를 하고 있었다.

그때에 새로 부임한 회장이 사업계획을 받는 자리에서 이 전무가 본인의 차례에 보고를 하기위하여 나타나자, 어떻게 저 사람이 아직도 삼성에 근무하고 있느냐고 지적을 하여, 그 자리에서 해임을 당했다는 말을 황 부장을 통하여 들은 바가 있었고, 그로 해서 내가 이 전무에게 다른 회사를 소개하려 한 적이 있었다.

내가 이 기억을 아직도 가지고 있는 것은 나의 관점에서 본 이 전무는 정말 멋진 동료였는데, 왜 그가 상사에게는 그렇게 오랫동안 잊혀지지 않는 기억으로 남아있게 되었는지, 지금도 이해가 되지 않기 때문이다.

내가 들은 바에 의하면 이 전무가 전자의 과장직에 있을 때에, 그 당시 신임회장이 어떤 업무를 지시하였는데 무엇인가 부당하다고 하여 거절을 하였다는 것이다.

두 사람의 이런 악연은 누구에게 문제가 있는 것이며, 어떤 것이 옳은 것이었을까? 아직까지도 진실이 무엇인지 모르겠다.

팔지 않기 위한 판매계약

내가 삼성전자에 근무하는 동안 컴퓨터 국산화전략을 추진하고 있는

135

컴퓨터사업부가 HP의 제품을 국내에 판매하는 것은 모순되기 때문에 HP사업부를 주식회사로 독립발족을 시키게 된다.

HP와 사업파트너가 된 것은 그 제품의 국내 판매목적과 함께 HP의 기술을 습득하기 위한 목적이 함께 있었다.

그와는 반대로 자사가 판매하고 있는 제품과 강력한 경쟁관계에 있는 제품이 발견되면 자사제품의 시장을 지키기 위하여 그 제품을 경쟁사가 판권을 확보하지 못하도록 먼저 판매계약을 하고, 실제로는 팔지 않는 판매하지 못하게 하기위한 "위장판매계약"을 하는 영업전략이 구사되기도 한다.

실제로 미국의 "Axxxx"라는 소형 서버제품이 있었는데 이 제품이 삼성의 컴퓨터 제품과 2중 3중으로 겹치는 시장을 가지고 있어서 이를 경쟁사가 팔지 못하도록 하기위하여 위장 판매계약을 하여 국내시장진출을 강력하게 방어를 한 적도 있었다.

얼굴이 가장 큰 사람

삼성전자에서 근무를 할 때 좀 적응이 덜되어있는 나에게 친절한 조언과 협조를 해주며, 잘 적응할 수 있도록 도와준 동료 중에 이 이사가 있었다.

이 이사는 그때 40세 초반에 벌써 대머리가 되어서 머리가 앞에서 뒤까지 다 벗어져있었다.

한번은 어느 야외행사에서 얼굴이 가장 큰 사람에게 주는 상이 있었는데, 그 상의 주인공이 되기도 하였다.

이 이사의 따뜻한 친절과 품이 넓은 마음이 지금도 느껴지며 감사하게 기억 하고 있다.

정보산업 전문 언론의 탄생

이 무렵에는 국내의 정보산업 활성화와 함께 '월간컴퓨터'와 같은 정보산업과 관련한 저널들이 여러 개가 발족하기시작을 하였으며, 이 분야의 전문 기자로써 야심차게 도전하는 젊은 기자들이 많이 있었다.

그때 만났던 기자들 중에서 김 기자, 신 기자 같은 기자 분들은 이 분야의 개척자였으며, 또한 한 시대를 같이한 분들로써 아직도 외길을 걸어오면서 정보산업과 관련이 있는 분야에서 언론인으로 열심히 하시고 계시는 모습을 볼 수가 있어 반갑다.

또 다른 세계로

1985년 5월 1일 삼성데이터시스템주식회사 (지금의 삼성SDS)가 설립 되면서, 나는 삼성전자컴퓨터사업부와 SDS 설립 TFT의 팀장을 겸했 던 일에서. 삼성데이터시스템주식회사의 임무에 전념하게 되었고 삼성 전자컴퓨터사업부 임무는 떠나게 되었다.

지난 2년 남짓 컴퓨터사업부에서 근무하는 동안 그 열정이 끓어오르 는 동료 임원 및 후배들과 함께 했던 것은 나의 일생에 잊을 수 없는 보람된 시간이었다.

짧은 기간이었지만 많은 것을 이루고 경험하였다.

특히 소프트웨어부문에서 13년을 근무하고 나서 하드웨어를 개발생 산 판매하는 임무를 맡아 2년 넘게 일을 할 수 있었던 것은, 비록 같 은 정보산업분야라고 하더라도 전혀 새로운 경험이었으며 새로운 지식 을 배우고 정보산업의 시야를 넓히는 계기가 되었다.

후일 내가 30여 년 간 이 정보산업 분야의 길을 계속하는 동안 많은 도움이 되었을 뿐만 아니라, 지금 후진국을 위하여 자문을 하고 프로 젝트를 개발하며 책을 쓸 수 있게 하는데 나의 전략과 사고의 큰 바탕 을 이루게 되었다.

나는 그때 인생은 끝없는 탐구의 계속이며, 이것은 내가 살아있는 동안 쉼이 없이 계속되어야하는 일임을 깨닫고, 그 후 늘 어떤 일을 할 때에는 관찰하고 연구하고 공부하는 것을 게을리하지 않고자 노력하고 있다.

그때 함께했던 모든 동료들의 행운을 기원한다.

그리고 또 새로운 세계의 경험을 찾아서 여행을 떠나야만 하겠다.

사진 속 기억의 조각

삶이란 사람과 만남의 연속이어서 "삶"이라 한 것 같다.

그래서 "사람의 '사'에 람의 'ㄹ'과 '만남의 'ㅁ'을 합쳐서 '삶' "이라 한 것인가?

많은 사람들과 만나고, 인연을 만들고, 함께 일하고, 헤어지고 하면서 그 사람들과 함께 한 것들이 곧 나의 삶이었던 것이다. 결국 아름다운 삶이란 아름다운 인간관계와 추억을 만드는 것이 아닐까? 과거라는 시간의 창고 속에 접어서 넣어 두었던 기억들을 사진이라는 타임머신에 의하여 추억의 순간으로 다시 끄집어내어보았다.

소프트웨어의 길

인류의 문명을 다시 열어 가는
소프트웨어라는 지식산업 혁명이
조용하지만 뜨겁게 밀려오고
우리의 도전을 기다리고 있었다.

소프트웨어회사 설립계획

1984년 6월 삼성전자 컴퓨터사업부의 제품개발, 유통망구축, 소프트웨어개발, 콘텐트 확보, 시장개척 등으로 매일 수원에 있는 공장과 강남에 있는 기남빌딩의 사업본부, 서소문에 있는 삼성본관의 비서실을 왔다 갔다 하면서 다른 생각은 할 수도 없이 바쁘게 생활하고 있을 때 또 다른 중요하고 무거운 프로젝트에 대한 임무가 추가로 주어졌다. 컴퓨터 소프트웨어전문회사를 설립하라는 임무였다.

삼성전자에 부임하면서 비서실 기획팀에 정보산업육성을 위해서 하드웨어부문과 소프트웨어부문의 두 축을 병행하여 육성해야 된다는 제안을 계속해왔었다.

그리고 회장께서 일본의 고바야시 회장을 비롯하여 정보산업에 관련한 분들의 자문을 받으면서, 정보산업을 하기위하여 소프트웨어 전문인재를 양성하고, 그것을 전문으로 하는 회사가 필요하다는 것을 인식하시고 구상한 계획이 실행으로 옮겨지면서 그 임무가 나에게 부여되게 된 것이었다.

6월중에 긴급히 프로젝트추진을 위한 프로젝트팀(Task Force Team)이 구성되었다.

팀장인 나를 비롯하여 비서실 기획팀에서 참여한 민 과장이 기획을 담당하고, 비서실 전산팀에서 참여한 김 과장이 소프트웨어부분을 담당하고, 전자컴퓨터사업부에서 참여한 최 대리가 하드웨어 기술부분을 담당하게 되었고, 일반사무담당으로 전자컴퓨터사업부에서 여직원이 팀에 합류하여 프로젝트기획팀이 구성되었다.

7월 1일에는 팀의 구성을 완료하고 서소문 삼성본관 9층에서 업무가 시작되었다. 그 9층에는 소프트웨어 회사설립 추진팀 외에도, 자동차 프로젝트기획팀, 항공사업프로젝트기획팀, 기술연구소설립기획팀, 삼성의료원설립기획팀, Bio사업기획팀이 함께 각각 담당한 사업의 기획을 위하여 팀별로 자리를 잡고 일을 하고 있었다.

그러니 9층은 삼성의 미래를 내다보고 있는 팀들이 그곳에 모여 주야로 그 희망과 열정을 쏟아내는 곳이었다.

그 후, 이 중에서 소프트웨어회사는 삼성데이터시스템주식회사(지금의 삼성SDS)로 설립이 되고, 기술연구소는 삼성종합기술원으로, 의료원은 서울강남삼성의료원으로 발족되었다. 항공사업은 빛을 볼 수가 없었고, 자동차는 삼성르노자동차로 발족되었다.

그리고 Bio 사업은 어떤 과정을 걸어갔는지 알 수가 없다.

소프트웨어회사 설립프로젝트기획팀은 나를 포함하여 5명이 본관 9층에 자리를 잡고 출발을 하였다. 민 과장을 비롯한 직원들은 프로젝트 기획에 전념하도록 하고, 나는 전자컴퓨터사업부의 담당업무를 계속하며 프로젝트기획을 겸해서 해야 되기 때문에, 아침 7시에 불광동 집에서 출발하여 수원공장에 도착하면 오전에는 수원에 있는 공장에서 주로 업무를 보고, 오후 3시에는 강남에 있는 기남빌딩에 사무실에 도착하여 업무를 본 후에 저녁식사를 하고, 밤 9시에 서소문 본관에 있는 기획팀에 도착하여 밤 12시경까지 사업기획 진행사항을 확인하고 회의를 하고 다음 업무계획을 검토한 후에 퇴근을 하는 일이 반복이 되었다.

처음에는 비서실 전산팀의 김 차장이 참여하였다가 이유를 정확히 기억하지 못하고 있으나, 그는 조기에 전산팀으로 복귀를 하였고, 후에 삼성전자 컴퓨터사업부의 소프트웨어팀의 박 과장과 삼성물산의 최 대리가 합류하게 되었다. 삼복더위가 시작되는 시점에 팀이 발족되었고, 더위는 더해가고 있었다.

저녁 7시 이후가 되면 건물의 에어컨시스템 가동이 중지되었다.

그때에 될 수 있으면 7시까지는 퇴근하기 운동 같은 것이 전사적으로 시행되었던 것이 아닌가 생각이 들기도 하고, 에너지 절약문제 등이 있었던 것으로 기억되기도 한다.

본관 건물은 창문이 폐쇄고정 형이므로 창문을 전혀 열 수가 없는 건물이었다.

공조시스템이 중지되면 전혀 공기조절의 방법이 없었다. 그 당시 삼성의 분위기로 보면, 특히 비서실 등과 연계되어 회장이 지시한 사항은 목표를 반드시 달성하여야 되고, 신규 사업은 수시로 비서실과 회장께 보고를 하여야 한다.

그 뿐만이 아니라 임무를 받은 사람들은 스스로 사명감과 책임감으로 그것을 수행하겠다는 열정이 가득 차있었다. 밤 9시 전후하여 본관 9층의 기획팀에 도착해보면, 여직원은 퇴근을 하였지만 그 외의 직원들은 더위와 탁한 공기 때문에 옷을 다 벗고 팬티만 입은 체 물통을 구해서 물을 받아놓고 그 안에 발과 다리를 담그고 앉아서 선풍기를 돌리고 부채를 부치며 계속 일들을 하고 있었다.

나는 그날 진행된 사항을 함께 검토하고, 문제에 대한 토의를 하고 차후 계획을 협의한다. 내가 주로 하는 역할은 방향의 제시다.

향후 정보산업이 어떻게 발전할 것이며, 그와 관련하여 소프트웨어는 어떤 기능을 할 것이며, 따라서 소프트웨어산업은 어떻게 변화하게 될 것인가? 삼성의 정보산업추진과 관련하여 우리가 기획하는 회사는 그룹차원에서 어떻게 기능하고 어떤 역할을 해야 할 것인가? 그런 기능과 역할을 하기위하여 어떻게 조직하고, 어떤 분야의 인재를 어떻게 양성할 것인가? 외국의 사례는 어떠하고, 우리의 전략을 어떻게 수립 추진할 것인가?

이런 것들에 대한 것을 제시하고 토론하여 방향이 설정되면 구체적인 자료와 정보, 학술적 연구 결과 등에 대한 것을 조사하고, 시장을 확인한 다음, 그에 대한 정리를 하여 사업계획서를 작성하는 것은 담당자들이 책임지고 작성을 한 다음, 민경수 과장이 종합을 하여 최종 정리를 한다. 그리고 이러한 작업은 그때부터 꼭 10개월간 계속되었다.

수원공장과 강남 사무실, 본관을 매일 돌며, 아침 7시에 집에서 나와 저녁12시가 넘어 퇴근해야했다. 그러니 나와 함께 일을 했던 기사는 새벽 1시 이후가 되어서 귀가를 하고, 아침 5시 이전에 기상을 하여 준비하고 출근을 해야만 했다. 하루는 시간을 꼭 지키던 기사가 오지를 않았다.

7시가 넘어서 기다리다가 나는 황급히 택시를 타고 출근을 하였다. 그때는 휴대폰이 없던 때라 전화연락 등이 지금처럼 쉽지가 않은 때였다. 9시가 조금 넘어서 부인에게서 연락이 왔다. 아침에 과로로 쓰러져서 병원 응급실에 입원을 하고 있다는 것이었다. 너무 미안하고 죄송스러웠다. 염려 말고 안정을 취하고 건강부터 회복하라고 하고 아침회의 등 일에 밀리어 돌아가느라 변변한 위로의 말도 못했었다.

지금 생각해도 너무 미안했던 일이다. 이대로 가다가는 나와 함께 일하는 기사들은 견딜 수가 없을 것이고, 그렇게 되면 수원과 강남, 본관을 오고 가야 하며, 수시로 지방출장을 다니고, 저녁에는 접대를 해야 되는 나의 일을 제대로 수행할 수가 없을 것으로 판단되었다.

나는 중, 고등학교 다닐 때에 아버님이 자동차 엔지니어시며, 운수업도 직접 하신 적이 있기 때문에, 자동차에 대하여 좀 익숙한 감각을 가지고 있었으며, 비공식적으로 자동차의 기초운전을 할 줄 아는 편이었다. 긴급히 시험 준비를 하여 10일 전후하여 운전면허를 받았다.

면허를 받은 그날 저녁부터 내가 직접 운전대를 잡고 이틀 간 기사와 함께 퇴근을 하며 연습을 하였다. 그리고 술을 먹을 계획이 없는 날에는 기사를 일찍 퇴근시키고 내가 직접 운전을 하며 출퇴근을 하고 기사는 아침에 강남 사무실로 직접 출근을 하게 하였다.

1년 동안 쉬는 날이 없이 일을 했던 그때에는 물론 토, 일요일도 없었다. 그래서 우리는 일주일을 월 화 수 목 금 금 금이라고 말했었다.

또한 출근시간은 있어도 퇴근시간은 없다고 했었다. 일요일에도 골프 접대 같은 것이 없으면, 내가 자가 운전을 하여 회사로 왔다. 이렇게 해서 그 기사를 어느 정도 과로에서 풀어줄 수가 있었고, 일찍부터 자가운전을 하게 된 계기가 되었다. 이렇게 삼복더위에 공조시스템이 정지된 사무실의 열기만큼이나 뜨거운 열정을 가진 젊은 전사들이 그 후 30여 년간 발전하며 수만 명의 젊은이들이 모여서 한국의 정보산업과 소프트웨어를 리드할 기업의 탄생을 위하여 그들의 사명을 다하고 있었다.

역사적으로 이 세상에 새로운 것이 탄생하기 위해서는,
미래를 볼 수 있는 선각자의 영감이 있어야 하고,
영감의 현실성은 탐험가의 모험으로 증명되어야 하고,
그것은 개척자의 용기로 현실로 모습이 드러나게 되고,
개발자의 노력으로 인간을 위한 가치로 전환이 된다.

소프트웨어 회사 설립기획팀은 미래를 향해, 그때 그 출발선상에 서게 되었다.

세계 제일

삼성의 소프트웨어회사 설립팀이 지향한 회사의 기본방향은 다음과 같이 정의되었다.

세계제일의 소프트웨어 전문회사가 된다.

전문 소프트웨어 기술개발 회사가 된다.

미래 지향적 소프트웨어 관련사업을 개척한다.

세계 최고의 인재를 양성한다.

세계 제일이 되어야하는 것은 나의 뜻이기 보다는 삼성그룹이 지향하는 공통목표라고 해야 한다.

전문 소프트웨어 기술개발을 하고자한 것은 그 당시에 소프트웨어 사업을 하는 회사들은 시장과 사회로부터 소프트웨어 고유의 가치를 인정받지 못하였기 때문에 소프트웨어 재화를 제공하고, 그 대가는 기계사용료나 다른 소모품 또는 서비스에 부가하여 받아야했었다.

이러한 현상을 타파하고 정상적 시장을 개척하기 위하여는 소프트웨어 전문성을 확보하고 인정받는 산업이 되도록 하려는 목적이 있었다. 미래지향적이라는 것은 그 당시 한국의 현실은 소프트웨어가 인정을 못 받고 있었지만, 세계적인 추세는 전문가소프트웨어(ExpertSoftware)와 지능소프트웨어(Artificial Software) 같은 새로운 개념의 소프트웨어들이 연구되고 출현하기 시작했기 때문에 최첨단 소프트웨어 기술을 개발하기 위한 것이었다.

인재양성을 사업의 기본적인 목적에 설정한 이유는 삼성그룹의 경영이념이기도 하였지만 소프트웨어산업은 대표적인 지식산업이며 그렇게 때문에 인재가 곧 기업의 자산이고 상품이고 경쟁력이기 때문이었으며, 인간 지향적이고 인재의 존적 산업이기 때문에 강조를 할 필요가 있었다.

이러한 목적과 목표를 배경으로 사업 분야를 정하고, 그 사업 분야별 우선순위를 정함과 동시에 그 기술과 인재, 사업의 기반과 환경조성, 추진방안을 설정해나갔다. 사업 분야는 최우선 사업 분야를 전문소프트웨어개발사업으로 정하였으며, 여기에는 소프트웨어개발용역과 시스템통합 및 시스템 운영대행 등의 사업을 시장에서 전문산업분야로 개척을 하고 그 소프트웨어를 독자적인 경제적 가치로 정의하고 공급하는 사업으로 정하였다.

그 당시에 이미 거론되고 있었던 부가가치통신망사업, 데이터베이스구축 및 정보공급사업, 다음은 소프트웨어와 컴퓨터, 통신 및 관련 기능을 통합하여 구축하는 시스템 턴키 베이스 사업을 이 영역으로 분류하였다.

여기에서 부가가치통신망은 통신신호의 디지털화와 소프트웨어 그리고 컴퓨터의 융합으로 현재의 모바일통신으로 발전을 하였고, 데이터베이스구축과 정보공급사업은 콘텐트와 IP 사업으로 발전하였으며, 턴키 베이스 사업은 시스템 통합(SI: System Integration)사업 분야로 발전하게된 것이다. 미래지향적 소프트웨어관련 사업으로는, 컴퓨터CPU 프로세서, Supervisor, 지능소프트웨어, 전문가소프트웨어 등을 이 영역으로 분류하였다.

여기에서 이런 전문소프트웨어분야가 지금에 와서는 스마트전화기, 로봇과 드론 등 융합기술과 전문 앱 소프트웨어의 영역으로 발전하고 있는 것이다.

이러한 사업 분야를 정하고, 소프트웨어분야는 인적자원이 절대적인 비중을 차지하기 때문에 소프트웨어기술의 전문인력 양성전략을 경영전략의 최우선 순위에 자리매김하도록 하고, 그 대책으로 직원들을 소프트웨어선진회사나 대학에 장기교육 훈련을 시키도록 하는 정책을 제시하도록 하였다.

인재의 양성분야는 소프트웨어산업을 위한 전문경영인력, 소프트웨어 전문마케팅인력, 소프트웨어 전문기술 인력으로 크게 대별하여 분야를 정하였다.

소프트웨어산업 전문경영 인력을 위하여는 소프트웨어의 개념과 경험이 있는 인재를 선발하여 하버드대학 및 그에 준하는 대학의 2년 이상 최고경영자 과정을 마치고 대형전문소프트웨어 회사에서 경험을 쌓도록 하고, 소프트웨어 전문마케팅 인재 역시 소프트웨어에 대한 경험이 있는 인재를 선발하여 전문 MBA과정을 이수하게 하였으며, 소프트웨어 전문기술 인재는 미국 IBM이나 전문소프트웨어 기업의 연구소에 위탁 파견교육을 받을 수 있도록 인재양서의 기본전략을 제시하도록 하였다.

세계 제일의 소프트웨어회사를 지향하기 위하여 경영목표는 10년차에 1조원 매출과 10,000명 직원의 조직과 규모를 설정하였다.

그 당시에는 일반인들에게 소프트웨어산업이라고 하면, 소프트웨어가 무엇이냐고 질문을 받던 때였다. 국내 제일을 자랑하는 삼성그룹에서도 이 단어를 제대로 이해할 수 있는 사람들은 최대한 높게 보아도 10% 이하였을 것이다. 특히 이것을 산업이나 사업의 차원에서 해석하고 판단할 수 있는 인재는 1%도 되지 않았을 것이다. 이 말의 뜻은 소프트웨어산업이 미래지향적 산업으로 반드시 개척해야 될 분야이지만 일반적 인식이 되어있지 않아 현실적으로 추진하기에는 환경이 아주 열악한 상태였으며, 미국과 일본에 크게 뒤져있는 한국의 현실에서는 특히 어려운 현실이었다.

전산업무관련 프로젝트의 개발 원가를 산출하여 제출하면, 컴퓨터 사용 비용이나 프린트용지 비용은 인정하여도 소프트웨어 개발인력의 비용은 인정하는 사람이 거의 없었다. 그 당시에 국내의 개인용 컴퓨터 시장 현황이 연간 70,000대 정도 밖에 안 되었으니, 소프트웨어 시장은 더 열악할 수밖에 없었다. 이렇게 환경에 대하여 부정적 평가를 하는 이유는 다른 의미가 있기 때문이 아니다.

현실적으로 열악한 사업을 미래지향적으로 추진하면서 성공할 수 있게 하기 위해서는, 그 장애를 극복할 수 있는 대책과 전략이 필요하기 때문에 그에 대한 제안을 하기위하여 현실을 냉정하게 분석하려는 뜻이다.

소프트웨어산업에 대하여 검토를 하고 회사설립기획을 하던 그때에

153

삼성그룹이 업무전산화개발을 하고, 이를 운영하기위하여 사용하는 연간 예산이 약 500억 전후가 되었고, 관련된 인력이 역시 약 500명 정도 되었다.

기획팀은 이 자원을 활용하는 방안에 대하여 검토를 하게 되었다.

그룹 26개 관계사의 전산실에서는 이 500억을 순수비용으로 사용을 하고 있었고, 직접 가치생산 비용이 아니라 간접지원 비용이었으며 따라서 그 전산실은 코스트센터의 기능을 하고 있었던 것이다.

이 예산을 소프트웨어회사와 연결을 하여 새로운 가치를 창출할 수 있는 수익성사업에 투자하여 직접 생산비용으로 전환하고, 그 전산실의 자원과 기능을 수익센터의 자원으로 전환하는 방안을 검토하였다.

그때나 지금이나 국가 전체 GDP의 10 퍼센트 이상을 담당하고 있던 삼성그룹의 소프트웨어시장을 활용하여 초기 기반을 잡고, 다음에 정보산업육성전략에 따라 국내시장 육성과 함께 기술, 원가, 시장, 재무 등의 경쟁력을 확보하여 세계시장으로 진출하는 단계적 전략이 필요했던 것이다.

삼성그룹이 가지고 있는 전산자원은 전문 인력이 400~500명 정도이고, 연간 사용하는 예산은 500억 원 정도였고, 각 전산실이 운영하고 있는 컴퓨터와 전국적인 온라인 통신망은 방대한 규모의 자산이었다.

기획팀은 각 회사 전산실에 소속되어 있는 이 전문 인력을 직급별 직종별로 구분하여 앞에 언급한 교육을 통해서 신설 소프트웨어회사의 목적에 부합하는 인력으로 역량을 강화하도록 하고, 보유하고 있는 컴퓨터와 온라인통신망은 부가가치통신망과 정보제공사업의 기반시설로 바로 전환하여 사용하고, 구축한 각종 데이터베이스는 정보제공사업에 활용할 수 있는 자원으로 활용하고, 현재 사용하고 있는 부대시설설비는 그대로 수익사업을 시작하는데 활용할 수 있으며, 예산 중 일부 시설설비 및 기자재 구입에 소요되는 예산은 물량증가에 따른 가격인하를 통하여 절감을 하고, 그 절감된 예산을 인재양성을 위한 교육에 투자 재정으로 활용할 수 있을 것이며, 통합운영으로 효율과 생산성을 높여 인력의 여유를 확보하고, 이 여유인력을 장기적 인재개발전략에 투입할 수 있을 것으로 분석과 판단을 하였다.

그래서 회사가 설립되면 그룹의 전산업무를 신설회사가 통괄하여 개발, 운영을 할 수 있는 그룹의 정책을 제안하도록 하였다.

이와 같이 소프트웨어사업을 추진하기위한 기본방향이 설정되고 이 방향에 대한 타당성을 조사하고 분석하는 일이 진행되었다.

기획팀은 국내외의 전문서적과 자료 및 정보를 가능한대로 모두 조사를 하고 분석하는 일을 반복을 하며 장기적인 전망과 10년간의 경영계획을 수립하기 시작했다.

기획팀이 수립해야할 사업계획의 기본 틀을 정하고, 그에 따라 임무를 부여하고 활동을 시작하였다.

국내외 시장과 기술, 경쟁관계를 조사 분석하여 장기전망을 예측하고, 사업의 기본방향을 설정한다.

추진을 위한 기본전략을 구상하고, 추진 기본계획을 설정하고, 사업의 기능을 분석하고, 회사의 조직을 위한 기본방안을 설정한다.

기술, 시설설비, 장비와 기자재 등의 소요와 분야별 직급별 인력의 소요를 산출한다. 자원의 확보방안과 그 비용을 분석하고, 그 자원의 확보와 투입을 위한 일정계획을 수립한다. 전체사업을 추진하기 위한 재무적 분석을 하고 재정의 확보방안과 일정 등 자금 운영계획을 수립한다.

10년간의 정밀한 경영계획과 30년간의 개괄적인 경영계획을 수립한다. 전체 사업추진에 있어서 장애사항과 문제점을 분석하고 대책을 수립한다. 사업추진을 위한 목표를 설정하고, 진행계획을 수립한다.

특기사항과 건의사항을 정리한다.

이렇게 기획팀은 방향과 목표를 설정하고 그 활동이 시작되었다

Digital 여행기
전산실의 반대

이러한 큰 프로젝트를 추진할 때, 특히 전례가 없이 새로 개척해야 되는 일을 할 때에는 넘어야할 장애물과 해결해야할 난제들이 많이 있게 마련이고, 특히 예상할 수없는 일이 나타날 수 있다는 각오를 해야 한다.

그리고 그것들을 극복하고 해결하기위한 대책도 미리 준비를 하여야 한다.

이 프로젝트를 진행하면서, 지금까지 이 분야와 다소 유사한 사업을 하는 몇 개의 회사들이 있었지만 중소기업 규모였다.

기획팀이 예상해야 되는 중요한 문제들이 몇 가지 있었으며 그에 대한 대책을 강구해야만 하는 것이었다.

국내 제일기업의 신규 사업진출에 대한 법적인 제한 유, 무를 확인해야한다.

그룹 내 관계사들의 상호 출자금지에 대한 규제를 해결할 방안이 있어야한다.

출자자금을 확보하기위한 그룹 여신한도의 제약을 넘어설 방법을 찾아야한다.

그 다음에 신설 회사의 기반이 될 그룹전산업무 통합운영에 대한 전략에 대하여 그룹 관계사들과 비서실 전산팀의 동의를 얻고 회장의 승인을 받아야한다.

이러한 중요한 문제들 중에서 전산통합운영 전략에 대한 것은 사업계획 승인을 위하여 사전에 조율과 동의가 필요한 사항이었다.

그 외의 문제는 그룹 내부의 사업계획 승인 후에 회사설립과정에서 해결해야할 사안으로 결정을 하였다.

그래서 사업계획 수립을 진행하면서, 그룹 전산통합운영에 대한 합의와 협조를 위하여 관계사 및 비서실 전산팀과의 협의를 병행하기로 하였다.

그룹 통합운영의 기본방안은 그룹 26개 주력 관계사의 전산업무 개발과 운영을 신설 회사에 일괄위탁하고, 전산관련 인력 및 자원을 신설회사의 통합전사센터로 이관하는 것이었다.

이렇게 하는 목적은 근본적으로 코스트센터의 기능을 하고 있는 각 관계사의 전산실을 부가가치 창출을 할 수 있는 수익창출 자원으로 전환한다는 것이다.

장기적으로 그룹 정보산업에 필요한 소프트웨어 전문 인력을 종합적 체계적 계획적으로 양성하기 위한 시스템을 구축하는 것이다.

그룹의 소프트웨어사업 육성 및 그룹 전체의 재무, 정책적 목적을 경영전략 차원에서 지원한다는 것이었다.

또 다른 차원의 목적에는 그룹 전산요원들을 각 회사의 지원부서의 음지에서 자신들이 주력이 되는 산업요원으로 전환하여 양지로 끌어내고 최고경영자의 경지까지 발전할 수 있는 동기를 부여함과 동시에, 소프트웨어산업의 발전을 통하여 소프트웨어 전문요원들의 장을 넓히고, 국내 소프트웨어산업이 세계화할 수 있는 길을 열어나가는 것이다.

그리고 그 중심에 삼성그룹의 전체 전산실에 소속되어 있는 약 500여명의 전문요원들을 이 미래의 산업을 위하여 선두에 설 수 있게 하는 것이다.

매일 사업기획을 위한 추진이 계속되는 가운데, 전산실 통합과 관련한 협의를 위하여 비서실 전산팀장을 만나서 의견을 교환하고, 그룹 전산실 중에서 가장 규모가 크고, 제일 고참 부장이 관리하고 있는 삼성전자 전산실과 삼성물산 전산실의 부장을 만나고, 다음은 동방생명(지금의 삼성생명) 전산실 부장을 만나 협의할 계획을 세웠다.

비서실 전산팀의 'S' 부장을 만나고 다음으로 삼성전자의 'P' 부장과 삼성물산의 'I' 부장, 그리고 동방생명의 'M' 부장 등 전산실 책임자들을 차례로 만나기 시작하였다.

삼성전자와 삼성물산의 부장들은 나와 동년배의 나이였고, 비서실, 전산팀과 동방생명 전산실 부장들은 3년 정도의 후배였다.

처음에 나는 그 부장들을 각각 사무실로 찾아가서 소프트웨어회사의 설립목적과 전산실을 신설회사에서 통합운영을 할 때, 신설회사와 각 그룹 관계사의 경영적 이점과 전산실 직원들의 장기적 발전을 위한 동기부여 등을 설명하고 이 계획의 추진에 협조와 지원을 부탁하였다.

비서실 전산팀 부장은 처음부터 반대의사를 표하였다. 각 회사의 비밀유지가 어렵다는 이유가 반대의 주요 이유였다.

전산실 부장들은 좋은 목적이니 긍정적으로 생각해보겠다는 의견이었다.

그러나 이 부장들 모두가 반대의 선봉이 되어 각 회사의 담당 임원과 사장에게 내가 설명한 것과는 정반대의 의견을 설명하였다.

그 후에 나는 같은 분야에 종사하는 동료로써 함께 술을 마시며 우리보다 음지에서 일하는 후배들의 미래를 위해서, 그룹의 정보산업 발전과 국가적인 소프트웨어 발전을 위해서 지원해줄 것을 호소하였다.

그 부장들은 함께 술을 마실 때는 공감을 하는 것으로 이야기하지만, 실질적으로는 태도의 변화가 없이 뒤에서 반대 분위기를 더 강하게 표현하고 그룹전체 전산실의 후배들을 반대 대열에 줄을 세웠다.

이렇게 하여 관계 임원회의에서나, 그룹 사장단 회의에서 모두 반대를 하는 형국이 형성되었다.

경영적 효과 외에도 개인적으로 볼 때 임원 승진을 하기 위하여 회사를 만드는 것이 부장들에게도 더 유리하고, 후배들의 진급기회도 더 열리고, 전산요원들이 주도하는 기회가 활짝 열릴 수 있어서 조금 더 마음을 열고 생각하면 반대할 이유가 없는데 이해가 되지 않는 것이었다.

공식적인 이유는 각 회사의 사업 기밀유지라는 것인데, 사실 삼성그룹의 전산업무개발은 타사의 개발용역을 통하여 개발된 것이 대부분이고, 컴퓨터도 전문용역업체의 기계를 사용하여 업무처리를 했었지만 아무런 문제가 없었다.

그런데 그룹 내 관계사가 업무를 위임 대행하는데에는 큰 문제가 있을 수 없고, 예측되는 문제가 있으면 그에 대한 대책을 마련하면 충분히 극복할 수 있는 것이었다.

부장들 이외의 대리 과장급 후배들의 의견을 개인적으로 조사해보면 찬성하는 후배들이 지배적임에도 불구하고, 인사권을 가지고 있는 비서실 전산팀 부장과 최고참 부장들의 눈치를 보고 그들이 향하는 방향으로 싫든 좋든 따라가야 하는 분위기를 파악할 수 있었다.

이렇게 해서 전산실의 모든 부장과 담당 임원, 각 회사의 사장들은 공식석상에서는 모두 반대하는 형국이 형성되었고, 사업계획을 통과시키는데 극복해야할 가장 어려운 문제로 대두되었다.

약간의 반대는 있을 수 있어도 이렇게 완벽한 저항이 있으리라고는 예측하지 못했다.

그야말로 우군 속에 가장 강력한 적군이 있었다고 해야 될 것 같다.

그렇지만 전산실 통합운영전략이 성공하지 못하면 소프트웨어 회사는 그 발전과 성장을 위한 동력을 얻을 수 없기 때문에 매우 어려운 여건에 처하게 되므로, 기획팀은 이 전략을 반드시 성공시키는 것을 의무 같이 생각하고 관계자들을 이해시키고 동의를 얻기 위하여 부단한 노력을 해야만 했다.

그러나 모두는 요지부동이고 반대전선은 점점 더 강화되고 있었다.

드디어는 회장께서 주제하시는 사장단 회의에서 어느 사장은 소프트웨어회사가 어떻게 10년 후에 1조원 매출을 할 수 있겠느냐며 그 계획은 허구라고 발언하면서 설립자체를 부정적으로 평가하는 경우도 있었다.

뒤에 더 이야기를 하겠지만 회사가 설립되고 내가 삼성을 퇴직하고, 다른 회사의 사장을 하고 있을 때였다.

내가 협조를 부탁했고, 극렬히 반대를 했던 그 부장들을 가끔씩 만나고 있었다.

그 부장들은 후일 전산실이 삼성SDS로 통합이 되고, 그 소프트웨어회사에서 상무나 전무를 하고 퇴직을 하였으며, 그 삼성SDS의 협력회사 사장을 하고 있었다.

반대를 했던 부장 중에 한 사람이었던 'P' 부장이 술을 한잔 하고 나서, 나에게 이런 말을 해주었다.

나는 이상준 사장을 보면 너무나 부끄럽다.

이 사장이 소프트웨어회사를 설립하기 위하여 나에게 협조를 부탁하였을 때, 앞에서는 동의를 하고 뒤에서는 반대를 주도했었다.

그 목적이 타당하고 그렇게 해야 한다고 스스로 판단하고 있었음에도, 그 회사를 만들어 그리로 배속되면 영업을 해야 되고 영업목표에 스트레스를 받을 것 같아 나의 안위를 위하여 반대를 하였다.

그 별것 없는 전산실 부장자리를 지키며, 나 한 사람의 안일을 유지하기 위하여 얼마나 이기적이고, 편협한 행동을 하였는가?

나는 후에 그 소프트웨어회사 덕에 삼성그룹의 임원이 될 수 있었고, 주식을 받아 재산도 축적할 수 있었고, 지금은 협력회사를 만들어 300명 회사의 오너로써 편안하게 살고 있다.

그때의 이기적이고 편협했던 나의 모습이 이 사장 앞에서 너무나 부끄럽다.

10년이 지난 후에 그의 이런 고백을 듣는 나의 심정도 만감이 와 닿았다.

그 소프트웨어 회사는 10년 후에 1조원의 매출을 달성했고 직원들은 약 8,000명이 모여서 한국 소프트웨어산업을 이끌어가고 있었다.

지금은 년 간 10조원의 매출을 하는 세계적인 기업이 되었고, 전 세계에서 십 수 만 명이 그 회사에서 자신들의 인생을 펼쳐가고 있다.

Digital 여행기

공정거래법

비서실 전산팀의 반대와 각 회사 전산실 책임자들의 반대는 물론이고, 각 회사 사장들의 반대 또한 강하고 절대적이었다.

이 그룹 내의 반대를 모두 설득하고 극복하는 것도 어려운 문제이지만, 그것이 극복되더라도 넘어야할 엄청난 그룹 외적인 문제가 있었다.

그 당시 공정거래법 상으로 소프트웨어산업은 중소기업 형 산업으로 분류가 되어있어서, 기업규모의 서열에 따라 소프트웨어산업 진출이 제한되어있었다.

그룹 전체 규모, 5위 이내, 10위 이내, 50위 이내, 100위 이내 등으로 구분을 하여 산업분야 별로 대기업의 진출에 대하여 규제를 하고 있었다.

지금은 소프트웨어산업을 중소기업 형으로 분류한다는 것은 이해할 수 없는 일이지만, 초기에는 시장이 협소하기 때문에 중소기업의 경영을 보호하기 위하여 이런 규제가 필요했었다.

그런데 1980년대에 들어서면서 이 소프트웨어산업 분야가 외국에서는 초대형기업들이 진출하는 분야로 확대발전하고 있었다.

동시에 우리나라도 향후 성장하고 있는 국제 소프트웨어시장에 진출하기 위해서는 대기업을 육성해야하는 시기가 도래한 것이다.

그래서 우리 기획팀은 회사를 설립하기위해서 이 공정거래법에서 소

프트웨어산업분야를 중소기업 형에서 제외하는 변경작업을 우선해야만
했다.

그 당시 공정거래법상 그룹매출 규모 몇 순위까지 소프트웨어 산업
출자가 금지되어있었는지는 기억이 나지 않는다.

순위와 범위가 어떠하든 삼성그룹은 항상 업계 1위를 하고 있었으니
까, 제일 첫째 규제대상인 것이다.

법의 문제도 있지만, 삼성그룹이 이 산업에 진출한다는 것에 대한 업
계와 국민들의 부정적 시각과 저항이 정부와 담당공무원의 이해와 협
조를 받는데 더 큰 장애가 되는 것이었다.

이 법을 운영하고 관리하는 정부부서는 공정거래위원회였고, 그 당시
에 이 위원회는 경제기획원 산하의 기관이었다.

나는 고등학교 때부터 절친한 친구였으며 경제기획원 예산국의 과장
이었던 이재호 친구에게 국가의 경제개발 정책인 정보산업육성을 위해
서는 소프트웨어산업을 함께 육성하여야하며, 그 육성을 위해서는 투
자를 적극적으로 유도하여야하고, 그러기 위하여 장애가 되고 있는 법
령의 개정이 필요하다는 것을 설명하고 도움을 청하였다.

그렇게 해서 그 친구가 공정거래위원회의 신무성 과장을 소개해주었
고, 역시 나의 설명을 듣고 난 후에 그 과장이 관련 업무를 담당하고
있는 김제웅 과장을 소개해주었다.

그 과장에게 정보산업육성에 있어서 소프트웨어 관련기술이 핵심 요
소라는 것과 소프트웨어산업의 미래, 성장전망에 대하여 설명하였고,
그를 위하여 우리도 대기업의 출자를 통하여 대형 소프트웨어전문 기

업을 설립하여 소프트웨어 시장을 육성하여야한다는 것, 소프트웨어산업을 통하여 향후 10년 내에 몇 십만 명 이상의 고용이 창출될 수 있다는 것, 이를 위해서는 법령의 개정이 필요하다는 의견을 제언하면서, 외국의 사례를 설명하고 도움을 요청하였다.

제안을 듣고 난 과장은 설명대로라면 합리성이 있고 국가에 이익이 될 수 있으니 긍정적으로 검토를 하고 타당하다면 적극 도움이 되도록 하겠다고 하였다.

그리고 외국의 사례와 자료를 구체적으로 정리하여 제시해달라는 부탁을 하였다.

나는 여담으로 그 과장에게 대기업 특히 삼성에 대한 국민들의 인식이 부정적인 때, 이 일로 해서 중소기업이나 언론으로 인하여 난처한 입장이 될까 염려된다고 하였다.

그 과장은 국가와 국민 모두를 위하여 필요하고 정당한 일이라면 누군가는 책임을 져야하고, 그로 인한 부담은 각오해야하지 않겠느냐고 하였다.

오히려 일을 하기 위해서는 관계관들의 이해와 공감, 그리고 협조가 있어야할 것이니 술이나 몇 번 살 각오를 하라는 것이었다.

물론 나는 흔쾌히 동의하고, 자료는 완벽하게 조사하여 제출하겠다고 약속을 하였다.

정부기관을 많이 상대하였지만 공무원들에게서 보기 드문 모습이었다.

대부분의 경우 이유를 달고 부정적이며 안일무사의 자세이거나, 대가를 요구하는 편이었다.

그 과장의 자세에 나는 마음이 확 열리며 더욱 용기를 가지고 이 일을 추진할 수 있었다.

그리고 지금도 그 과장의 이름을 기억하고, 그분의 국가관과 책임감 그리고 인품에 대하여 존경심을 잊지 않고 있다.

이와 함께 기억되는 또 한 분이 있다. 그 당시 상공부 전자부문의 담당 사무관이었던 백만기씨가 생각이 난다.

매우 합리적이고 책임감이 강한 담당관이었으며 구체적으로 기억이 되지는 않지만 컴퓨터개발 수출과 관련하여 도움이 필요하여 몇 번 만난 적이 있었는데 적극적이고 긍정적이었던 기억을 가지고 있다.

우리나라 소프트웨어산업과 정보산업이 이만큼 발전을 하는데에는 그분들의 그 인식과 사고방식이 큰 계기가 되고 도움이 되었었다.

기획팀의 과장과 기술 담당대리를 미국과 일본에 출장을 보내서 미국의 랭킹 20위까지의 소프트웨어회사와 일본 10위까지의 회사를 직접 방문하여 면담을 하고 자료를 수집하게 하였다.

이때 조사대상이 되었던 기업들은 미국의 IBM, HP, AT&T, 마틴마리에타, 멕도날드, 보잉, TRW, C&S, EDS 등과 일본의 통신공사에서 설립한 소프트웨어회사 등이 기억에 남아있다.

조사한 바에 의하면 소프트웨어 부문에서 그 당시의 일본은 그 수준이 아직 미미한 상태의 초창기였으며, 미국은 상당한 수준으로 발전과 투자를 하고 있는 것을 확인할 수 있었다.

이렇게 하여 우리는 법령 개정의 요청서와 조사 자료를 공정거래 위원회에 제출하였고, 그 후 약 2개월여 후에 법규개정을 통하여 삼성그룹 및 대기업들이 소프트웨어산업에 진출할 수 있는 길을 열게 되었고, 소프트웨어 산업발전의 전기를 마련할 수 있게 되었다.

Digital 여행기

사업의 승인

1984년 7월 1일에 5명으로 구성된 소프트웨어회사 설립기획팀이 삼성 본관 9층에서 출발하였고, 여의도 동방생명빌딩을 거쳐 10개월 동안의 우여곡절을 겪으며 사업승인을 받고, 드디어 국내 최초로 대그룹의 소프트웨어 전문시스템통합(System Integration)회사인 삼성데이터시스템주식회사(SAMSUNG Data System Co. Ltd: 약자 SDS)가 1985년 5월 1일 설립되어 사업자등록을 하고, 얼마 후에 삼성본관 6층에서 그 현판식을 하게 된다.

그 동안 설립기획팀은 그 소속을 삼성전자에서 삼성물산으로 옮겼다가, 이제 그 팀이 설립한 SDS에 정착하게 된 것이다.

사업영역은 전문소프트웨어(Expert Software) 및 지능소프트웨어(Artificial Intelligence Software)개발사업, 데이터베이스(Data Base) 및 부가가치 통신망(Value Add Network)서비스사업, 시스템 (System Integration)사업, 시스템운영(System Management)사업으로 하였다.

경영목표는 10년 차에 매출 1조원에, 1만 명 회사로써 국내 제일의 회사로 발전하여 세계시장으로 진출하는 것이었다.

수권 자본금은 지금 기억나지 않는다.

설립 자본금은 78억 원이었고, 출자할 회사는 삼성물산, 삼성전자, 삼성반도체통신, 삼성전관 등으로 기억을 하고 있다.

그러나 그룹사의 관계사 상호출자와 여신한도 등의 문제로 실제로는 6억 원의 출자를 시작으로 회사가 설립 발족하게 되었다.

앞에서 말한 대로 그룹 각 회사의 MIS 업무와 시스템을 위임 인수받아 시스템운영을 대행할 수 있는 허락을 사업승인과 함께 받기위하여 노력을 하는 한편, 사업승인과 동시에 회사설립이 가능하도록 공정거래법의 개정을 추진해야했으며, 그룹관계사의 출자를 위하여 증권거래법상 관계사 상호출자 제한문제를 해결하기위하여 고심해야했고, 그룹 여신한도의 제약에 대한 대책을 걱정하지 않을 수가 없었다.

회장께서 사업승인을 할 때까지 26개 관계사 사장 및 전산실 담당 임원 부장들은 한 명도 동의를 하지 않은 상태였다.

단지 회장께서 결심을 하시고 승인하신 것이며, 따라서 회사가 설립된 뒤에도 승인된 전산실 통합문제는 계속 협상을 해야 하는 진행상태였다. 또한 가장 어려운 과제이기도 하였다.

소프트웨어분야가 사회적으로 거의 인식되어있지 않은 상태에서 대규모 투자를 하고, 그룹의 전산실까지 통합운영을 하는 전략을 제시할 뿐만 아니라, 실체적으로 시장을 인식할 수도 없고 구체적이고 가시적인 제품도 없이 추상적 지식사업으로 10년 후에는 년간 1조원 매출의 기업으로 성장하겠다는 경영목표를 제시하니까, 이 사업기획은 사기라고 하는 사장까지도 있었다.

그 당시에는 삼성그룹 내에서도 기존의 기업 중에서 년간 1조원 매출을 넘는 기업이 삼성전자, 삼성물산 정도 밖에 없었던 것으로 기억하고 있으며, 이러한 상태에서 소프트웨어회사가 1조원 매출목표를 거론하니까 이해가 안 되는 것이 당연한 것이기도 하였다.

그렇지만 회장의 결단으로 삼성데이터시스템주식회사는 그 탄생을 할 수가 있었다.

공정거래법의 개정은 마침 담당과장이 이 소프트웨어사업의 미래에 대한 중요성에 대하여 이해를 하고 긍정적으로 검토해주어서, 자료의 해외 현지조사와 분석, 법규개정을 위한 제안과 위원회 내부의 검토와 결정 등 절차상으로 시간이 걸리기는 하였지만, 회사설립 전에 결정이 되어 회사설립을 위하여 절대적인 제약사항이었던 법적문제를 해결할 수 있었다.

공정거래위원회 내부에서 결정의 과정에 많은 이견과 토론이 있었겠지만 결과적으로 진취적 사고와 판단으로 그 법령은 개정되었고, 삼성데이터시스템주식회사는 물론이고 연이어 대 그룹들이 소프트웨어 사업에 투자참여를 함으로써 한국 소프트웨어산업의 발전을 앞당길 수 있는 정책의 지원될 수 있었다.

이분들에게 다시 한 번 감사와 경의를 보낸다.

그룹 관계사의 출자는 대 그룹에서 관계사 간에 상호출자가 법적으로 금지되어있던 관계로 풀어야할 난제 중에 하나였으며, 법이 제정되기 전부터 이미 삼성그룹 내 관계사 간에 상호출자가 많이 있었으며, 반도체 컴퓨터 등의 정보산업분야에 투자를 위하여 관계사 출자가 불가피하였던 관계로 그룹 관계사 대부분이 증권감독원으로부터 여러 번 경고를 받았으며, 특히 법적처벌이 불가피한 3회 이상 경고를 받은 상태라서 그룹 관계사는 신설 소프트웨어회사에 출자를 할 수가 없는 상태였다.

또 출자할 수 있는 회사라고 하더라도 삼성그룹 전체 정보산업 투자를 위한 금융기관 차입이 급증한 관계로 그룹 여신한도를 이미 초과한 상태라 자금의 조달도 한계에 이르러있었다.

이런저런 문제들이 얽히고설켜서 그런 것들을 모두 피하여 법적으로 하자가 없는 범위 내에서 출자를 받다보니 설립 자본금의 10%도 안 되는 6억 원이라는 소규모 출자를 하여 회사를 설립할 수밖에 없었다.

그러니 SDS의 경영은 재무적 측면에서 10배 이상의 압박을 받을 수밖에 없었다.

그렇게 우여곡절을 겪으며 설립된 신설회사가 설립 후 스스로 그 난제들을 해결해야만 했었다.

때문에 회사설립과 동시에 이러한 난제들을 해결하기 위한 전략이 계속될 수밖에 없었으며, 제1차로 검토된 것이 외국법인과 합작투자를 검토하고 추진할 수밖에 없었다.

그 이유는 외국인 합작투자로 인하여 발생되는 차입금은 그룹 여신한도의 제약을 벗어날 수 있었기 때문이다.

이러한 규정은 외국 기업들의 한국투자와 기술이전을 할 수 있도록 하기 위한 전략적인 정책이었던 것이다.

Digital 여행기

합작회사

회사가 설립되면서 설립 이후에 해야 할 일들이 수없이 전개되었다.

그 중에서도 자본증자를 위한 대책수립과 추진, 그룹 관계사 전산실 통합 추진, 대외 프로젝트수주를 위한 전략수립과 추진, 인력확보와 교육훈련, 사장 선임 등, 회사의 운명을 좌우할 장기적이며 무거운 업무들이 나를 기다리고 있었다.

특히 자본 확보를 위한 대책은 가장 시급하고 중요한 일이 아닐 수 없었다.

실제로 이 자본증자를 위한 대책수립은 회사 설립 등기가 이루어지기 전부터 검토되고 그 대책에 대한 전략이 수립되어서 진행되고 있었다.

우선 해외기업과 합작을 하는 방안을 비서실 기획팀과 협의를 하여 합의를 하였고, 합작 파트너에 대한 검토를 하였다.

공정거래위원회에 자료를 제출하기 위하여 방문을 했던 미국 기업들의 자료를 모두 검토하고 분석하였고, 협의대상 기업을 선정하였다.

지금 기억이 나는 회사는 'IBM', 'BC&S', 'MMDS', 'EDS' 등이 그 순위에 들어있었다.

이 일을 추진하기 위하여 우리는 IBM Korea의 오창규 전무를 비롯하여, BC&S(Boing Computer Services)의 J. W Beagles/Director를 만나고, MMDS(Martin Marietta Data Systems)의 Richard J.

Walters/President, Martin Marietta International Inc.의 Marvin L. Duke/Phd. Vice President, Martin Marietta Aerospace의 Marvin J. Covert/Director, Vincent P. De. Fatta/Director 등을 만났으며,

EDS(Electronic Data Systems)의 Frank L. Hocker/Director, James H. Callison/Director 등을 만나게 되었다.

'IBM'은 컴퓨터 하드웨어에서 세계 최고의 회사로써 전 세계시장의 60%를 상회하는 점유율을 가지고 있는 회사이며, 그 기술의 특성은 컴퓨터 내장용 소프트웨어개발 기술이 기반을 이루고 있었다.

'Boeing C&S'는 항공기 세계 제일의 회사인 Boeing 항공그룹을 그 모체로 하고 있었으며, 그 기술의 특성 또한 항공기 설계와 항법, 운항, 시뮬레이션 등, 전문가소프트웨어(Expert Software), 지능소프트웨어(Artificial Intelligence Software)와 관련된 기술이 중심이 되어있었고, Boeing 그룹의 MIS와 관련된 응용 소프트웨어 부문의 기술도 소유하고 있었다.

MMDS는 방산산업과 우주산업부문에서 선두를 달리고 MMA(Martin Marietta Aerospace)의 계열기업으로써 방산우주산업 관련 소프트웨어 부문에서 최고의 기술을 보유하고 있었다.

'EDS'는 미국의 보험회사들의 전산실 운영대행과 기업 MIS 응용 소프트웨어개발 용역 업무를 주로 하여 성장한 회사로써 그 기술의 특성이 경영관리 부문의 응용 소프트웨어부문에 높은 비중을 가지고 있었다.

'EDS'는 그 당시에는 설립자인 '페로'씨가 미국 해병대 장교 출신으로써 이란에 억류되어 있던 미군의 구출작전을 지휘했던 일화로 유명해져있었다.

공정거래위원회의 요청으로 미국 시장조사를 위하여 미국을 방문하였을 때 이미 만나기도 하였지만, 그 회사의 경영진들이 한국에 와서 파트너를 찾고 있었으며 우리도 몇 차례 만난 적이 있어서 그 회사에 대한 정보와 경영방침을 깊이 이해하고 있었다.

일단 'EDS'는 삼성이 추구하는 사업 영역과 거리가 멀어서 협상의 대상에서 제일 먼저 제외하였다.

'EDS'는 삼성 SDS 설립 후에 연이어 설립된 현대의 HIT 및 금성과 협의를 진행하다가 금성사와 합작을 하여 '금성EDS C&S'를 설립하였었다. 그 후에 한국에서 철수를 하였었다.

삼성이 추구하는 사업방향에서 보면, 'IBM'과 'Boeing C&S'가 보유하고 있는 기반기술을 합친 것이 필요하였다.

삼성의 전체 정보산업 육성정책의 측면에서 삼성데이터시스템은 컴퓨터, 반도체에 탑재할 소프트웨어를 개발할 수 있는 기술의 확보와 자체 소프트웨어제품의 개발과 확보를 위하여 '마이크로 소프트웨어 부문', '전문가 소프트웨어 부문', '지능 소프트웨어 부문' 등의 기술 확보와 제품개발이 장기적이고 궁극적인 제1순위의 경영목표였다.

중장기적 시장의 발전전망과 그 시장에 적응하기 위해서는 데이터베이스 및 부가가치통신망 사업의 기반을 확보하는 것이 제2순위의 경영목표였다.

중기적으로 곧 도래할 시장을 위하여는 시스템통합을 할 수 있는 기술과 인력의 확보가 제3 순위의 경영목표가 되었다.

그 다음에 현실적으로 단기적 회사경영의 기반을 확보하기 위하여 그룹전산실을 통합하여 그룹 MIS 업무를 대행하는 사업이 그 다음 경영목표였었다.

이러한 목적과 목표를 기준으로 평가했을 때 IBM이 파트너로써 제1 순위에 오를 수밖에 없었다.

IBM이 투자에 참여하여 합작 파트너가 되었을 때 자본투자 이 외에 우리가 얻을 수 있는 기대효과는 다음과 같은 3가지로 정리를 할 수 있었다.

SDS가 필요하는 기반소프트웨어, 전문가소프트웨어, 지능소프트웨어의 기술을 확보하는데 도움이 될 수 있다.

SDS가 위의 기술을 바탕으로 자체 소프트웨어제품을 개발했을 때, 세계 컴퓨터시장의 60%를 점유하고 있는 IBM의 유통망을 이용할 수 있다.

삼성그룹이 제조하고 있는 반도체, 주변기기, 부품 등을 IBM에 판매 공급할 수 있는 기회를 만들 수 있다.

이러한 판단에 따라 SDS는 IBM을 제1 협상 대상으로, 'Boeing C&S'를 제2 협상 대상으로 다음은 MMDS로 정하였다. 그리고 EDS는 검토 대상에서 완전히 제외시켜버렸다.

나는 이러한 계획과 전략을 정리하여 비서실에 제출을 하고 민경수 과장과 함께 IBM Korea의 오창근 전무를 만나서 우리의 의견을 제안하였다.

그리고 2~3주 후에 IBM Korea로부터 제안을 협의할 의사가 있다는 연락이 왔다.

IBM으로써는 한국의 총GDP의 10% 이상을 차지하는 삼성그룹의 시장으로써의 가치, 설립된 회사가 향후 소프트웨어부문에서 한국시장을 주도할 수 있는 전망, 그리고 투자로 인하여 얻어질 재무적 이익 등에 대한 매력을 주시하지 않을 수 없었을 것이다.

그 당시 IBM Korea는 제품을 한국시장에 판매하는 것이 주 기능이었으며, 미국 IBM 본사에서 아시아지역 총괄본부를 거쳐 중요결정이 이루어지고 있었던 것으로 파악하고 있었다.

그래서 의사결정까지 시간이 걸렸으며 합작투자에 대한 것은 1년에 한번 개최되는 미국 IBM 본사의 최고경영자회의에서 승인을 얻어야 하는 사항이었다.

미국 IBM 본사의 최고 경영자회의는 6인의 이사로 구성되는 것으로 기억하고 있고, 매년 2월에 1회 개최되므로, 이 합작회사 설립계획은 1986년 2월 경영회의에 승인을 받아야 IBM Korea는 그 승인 하에서 이 기획의 실행을 위한 실무적 추진을 할 수가 있는 것이었다.

IBM Korea로부터 연락을 받고 양사는 협의진행을 위한 준비 회의를 하였다.

일단 SDS는 서소문동에 있고, IBM Korea는 여의도에 있으므로, 업무협의를 위한 장소를 마포에 있는 가든호텔로 정하고, 그 호텔에 양사 비용분담으로 호텔방을 장기계약을 하기로 하고, SDS는 민경수 과장이 실무책임을 맡았다.

SDS는 비서실 기획팀과 협의를 하여, IBM과의 투자협상을 위한 기본전략을 수립했다.

장기적 재무전략 측면에서 IBM의 지분 한계는 전체의 1/3을 초과할 수 없다.

인사에서는 사장과 영업부문은 삼성이, 관리와 기술 부문은 IBM이 하기로 하고, 영업부문은 반드시 삼성이 확보한다는 것이었다.

이것이 비서실과 협의하여 정한 투자협상의 기본조건이고 전략이었다.

지분의 한계를 1/3로 한 것은 필요한 시기가 도래하면 IBM의 지분을 모두 삼성이 매입하여 독자적 경영체제를 구축하기 위한 것이었다.

영업부문을 삼성이 관장하는 것은 가시적 제품이 없는 소프트웨어 사업의 특성상 영업이 인적자원에 의존도가 높은 특성 때문에 재무전략과 함께 필요하다고 판단했던 것이다.

기술부문은 SDS의 직원을 IBM System Federal에 보내서 기술교육을 받게 하기위하여 IBM측 기술부문 관리자를 책임자로 하기위한 전략이었다.

관리부문은 IBM 측에서 담당을 하여도 삼성은 경리재무에서 문제될 것이 없다고 판단을 하였던 것이다.

이러한 전략 하에서 2년간에 긴 투자협상이 시작되게 되었다.

우선은 IBM 미국 본사의 1986년 2월 최고경영자 회의에 투자승인 안건을 올리기 위한 기본계획 수립이 양사 실무담당자들의 협력으로 시작되었고, 1985년 12월경 완료가 되어 IBM Korea가 본사에 제출을 하였다.

이 계획은 별 문제가 없이 1986년 2월 경영회의에서 승인이 났다.

그리고 곧 이어 투자 실무협상을 구체적으로 진행하게 되었다.

IBM이 처음 제안한 투자지분은 IBM이 51%이고 삼성이 49%로 하는 것이고, 인사에서는 영업부문을 IBM에서 지명한 임원이 담당하는 것이었다.

삼성의 전략과 정반대의 의견을 제시하여왔다.

정상근무가 끝난 후 저녁 8시경부터 가든호텔 공동사무실에서 예민하고 까다로운 협상이 매일 진행되었었다.

회사가 설립되고 얼마 후에 SDS 전담사장으로 전상호 사장이 부임을 하셨고, 그 후 얼마 후에 박정남 부장이 입사를 하였다. 이후부터 나는 영업총괄본부를 맡아 거기에 전념을 하면서 협상의 전략적 부문만 관여를 하고, 투자실무협상은 박정남 부장이 담당을 하고 관리본부가 지원을 하였다.

IBM 본사의 최고경영자회의에서 승인이 난 후 실무적 협상이 진행되었고, 투자조건의 합의를 이루는 데까지는 거의 1년의 시간이 경과하였다.

양사가 전략적 차원에서 맞수일 뿐만 아니라, 상호의 조건이 너무 간격이 멀고, 이 사안에 대하여 삼성은 비서실을 통하여 회장의 결정이 있어야 하고, IBM은 미국 본사의 결정사항이라 시간이 걸릴 수밖에 없었다.

양사의 담당실무자 모두가 낮에는 회사에서 일상의 직무를 수행하고 저녁에 가든 호텔에서 만나 투자협상을 매일 계속하였다.

1년여의 협상을 거치며 1987년 5월경에 합의된 결정은 다음과 같았다.

투자지분은 삼성 측이 2/3, IBM 측이 1/3로 한다.

인사는 사장, 영업총괄관리본부는 삼성이 담당을 하고, 부사장 기술지원 기술개발은 IBM이 담당을 하는 것으로 한다.

즉 IBM 측을 위하여 부사장 직을 조직에 추가하고 그 직책을 IBM에 배정하는 것을 조건부로 삼성의 안을 모두 채택하게 한 것이다.

이 협상의 과정에서 가장 예민하게 의견이 대립되었던 부문은 경영권과 관계가 있는 투자지분과 시장장악력과 관계가 있는 영업담당임원의 인사권 문제였다.

이렇게 하여 1987년 6월 말을 기점으로 SDS가 사업을 추진하기위한 경영적 여건이 마련되었고, 1987년 7월1일부터 SDS는 IBM과 합자회사로써 새로운 출발을 하게 되었다.

한편으로는 무거운 짐을 조금은 덜어낸 듯한 기분이기도 하고, 또 다른 한편으로는 그룹 전산실통합에 대한 부담이 더욱 가까이 다가와 있었다.

여하튼 이제 모양을 갖추고 출발하게 된 이 SDS, 내 인생의 중요한 한 부분이 되어버린 이 회사가 나의 꿈을 잘 담아낼 수 있기를 기원할 뿐이었다.

Digital 여행기

인사에 대한 소고

　회사 설립 등기를 끝내고 3~4개월이 지나가고 나서 나는 회사의 대표이사 선임을 비서실에 건의를 하였다.

　그 후 얼마 지나서 비서실에서 의견을 개진하여왔다.

비서실에서는 삼성전자의 대표이사인 정재은 사장이 겸직을 하고 내가 사업총괄을 맡아서 경영을 하다가 차츰 전체경영을 인계받는 안을 제1 안으로 제시를 하였다.

다음으로는 외부에서 IT분야 전문인을 사장으로 영입하는 안을 제시하였다.

그 대상 인사로는 이용태 박사와 카이스트 전자계산소 소장인 성기수 박사 등에 대한 의견을 물어왔다.

나는 두 가지 안 모두 신중히 고려해야할 사항들이 있다고 의견을 제시했다.

나는 삼성그룹 차원에서 추진하는 소프트웨어사업의 목적을 달성해 나가기 위해서는 국내 시장이 너무 열악한 상황이므로 빠른 시간 내에 사업기반을 완비하고 해외시장으로 진출해야한다고 판단하고 있었다.

그렇게 하기 위해서는 그룹 전산실통합이 막중하고 긴급한 임무이고 책임이라고 생각하였기 때문에 나의 진급이나 위치 등은 고려할 생각이 없었다.

더 나아가서 이 사업을 삼성에서 제안을 하고 꼭 성공시키기 위하여 나의 모든 것을 다해온 이유는 이 산업이 미래에 국가에 미칠 영향이 얼마나 막대한 것인지를 알고 있었고, 그래서 사업계획에도 이 모든 것을 반영하였기 때문에 나의 개인의 현실적 진급이나 보수 등은 상대적으로 너무나 작은 가치에 불과했던 것이다.

이 사업이 목적을 달성하고 성공하는 것은 나의 인생에서 너무나 보람되고 가치 있는 삶이 되고 추억이 될 것을 나는 짐작하고도 남음이 있었으므로, 그 가치를 나의 하찮은 직위나 명예와 바꿀 생각은 더욱이나 없었다.

따라서 사장을 선택하고 추대하는 것 역시 모든 기준은 나 개인과의 관계에 무관하게 SDS의 사업의 성공과 미래의 성장, 그리고 그 SDS를 통하여 내가 이루고자 하는 꿈과 그 꿈을 통하여 이루고자하는 이상을 가장 효과적으로 성취할 수 있도록 하기위한 조직과 인사의 한 과정이었다.

정재은 사장이 겸직을 하는 경우에 그룹 내 비중이나 삼성전자의 정보산업과 SDS의 소프트웨어사업이 성격상 상호 불가분의 관계가 있으므로 아주 큰 강점이 있는 반면에, 너무 바쁘시기 때문에 아직 조직이 완비되지 않은 신설회사 초기의 긴급하고 중요한 업무들을 신속히 처리하기에는 애로가 많을 것이며, 해외 등에 체재하는 시간이 너무 많다는 점이 피할 수 없는 단점이라는 의견을 제시하였다.

또 외부인사의 영입은 그룹의 각 회사로부터 전산실통합이라는 시급한 당면 과제를 추진하기 위해서는 그룹 관계사 사장들과의 원활한 의사소통과 협력이 절대적으로 필요한데 이점에서 외부영입은 결정적인 약점이 있다는 제시를 하였다.

그리고 나의 의견을 제시하였다.

삼성정밀의 사장으로 계시다가 현재는 삼성시계의 사장으로 재직하고 계시는 전상호 사장님을 SDS 사장으로 모시는 것이 바람직할 것 같다는 의견을 제시하였다.

거기에는 삼성그룹의 직원으로 입사를 하여 사장까지 오른 분이므로 그룹 내 사정을 잘 아시고, 현직 사장들과도 친분이 많으시었으며, 전두환 노태우 대통령 시기에 두 분의 대통령과도 깊은 인간관계가 있는 분으로써 대외관계의 폭이 넓으신 분이었다.

내 개인적으로는 삼성시계보다는 SDS의 사업영역이 그분의 역량을 발휘하는데 더 효과적이라고 생각을 하였기 때문이다.

비서실에서는 전체적으로 보아서 약간 부정적이라는 반론을 제시하였다.

회장님이나 부회장님의 그 분에 대한 인식과 안정지향적 경영스타일 등에서 신규로 사업을 추진하는 SDS에 적합하다는 판단을 하기가 어렵다는 비서실의 의견이 있었다.

나는 그분이 소프트웨어회사인 한국전산주식회사를 기획설립하고, 약 10년간 대표이사로써 직접 경영하신 경험, 그룹 내 문화를 잘 알고 계시고 관계사 사장들과의 인간관계 등에서 유리한 점을 설명하고, 비서실에서 지적하는 문제점 중에 일부는 8년간 직접 모시고 일한 적이 있는 내가 잘 보좌를 하겠다고하였다.

다소의 의견차이가 있었지만 나의 제안이 받아들여져, 73년도에 만나서 많은 것을 배우며 지도를 받았던 전상호 사장님을 1981년 헤어진 후 약 5년 만에 다시 만나 일할 수 있게 되었다.

이렇게 해서 1987년 말, 내가 회사를 그만 둘 때까지 모두 10년 동안을 모시는 인연을 만들게 되었다.

나의 47년간의 사회생활 기간 중에서 가장 긴 인연을 맺었던 선배이면서 나에게 많은 영향과 배움을 주신 분이다.

그분의 인품과 검소한 생활, 부하에 대한 깊은 애정과 책임감을 나는 항상 존경하고 있었고, 사회에서의 스승으로 지금도 마음에 담고 있다.

그래서 그분과 함께 일을 하면서 더 배우고 싶었고, 나 또한 그분에게 도움이 되고 싶었다.

그리고 함께 협력하여 이 새로운 이상을 달성할 생각을 하였다. 그분은 내가 스스로 본인을 추천하여 다시 모시게 된 것을 전혀 모르고 계셨었다.

여기에서 다른 인사에 대한 기억이 있어 더 적어보도록 하겠다.

전상호 사장님을 모시기 얼마 전이었다.

좀 오래 된 후배에게서 전화가 왔다.

그 후배가 울먹이며 전화를 통하여 나에게 말을 하고 있었다.

그 후배는 한국전산주식회사에서 과장을 하고 삼성그룹 관계사로 이직을 한 다음, 부장까지 하다가 퇴직을 한지가 약 1년이 미처 못되었다.

약 몇 년 정도 만나지를 못한 후배였다.

아마도 38살이나 39살 정도의 나이였을 것이다. 이유는 모르겠으나 너무 젊은 나이에 퇴직을 하고 쉬고 있었던 것이다.

퇴직 후 6개월 정도 되니까 전화를 하는 친구도 없고, 정신적으로 매우 힘들다고 하며, 다시 일할 수 있는 기회를 가질 수 있도록 도와달라고 부탁을 하는 것이었다.

나는 능력을 가지고 있으며 같이 일했던 후배가 지금 극히 어려운 상황에서 심리적으로 매우 위축되어있는 것으로 판단되어 그에게 기회를 주고 싶었다.

그래서 비서실 인사담당 이사인 임동일 이사를 찾아가서 그를 채용하고 싶다는 의사를 말했다.

그 후배는 삼성그룹에서 퇴직한지가 얼마 되지 않아 다시 채용을 하는 것은 특별한 이유가 없이는 어려운 것이라고 것이었다.

그 임 이사에게 SDS는 소프트웨어제품을 판매해야하는 회사인데 그룹 전산실에 재직하고 있는 직원들은 영업 분야의 경험이 없어서 이 부문의 교육훈련을 다시 받아야하는 애로사항이 있다.

단기적으로는 영업부문 경험이 있는 인재를 스카우트 할 수밖에 없는데 현재 국내 소프트웨어 분야의 현황으로는 영업경험이 있는 인재를 찾기가 매우 힘들다고 의견을 말하였다.

그리고 그 후배는 한국전산주식회사에서 영업을 해본 경험이 있으니 현재의 SDS에는 필요한 역할을 할 수 있을 것이라고 설명을 하였다.

임 이사는 컴퓨터부문의 인사에 대하여는 본인이 모든 것을 판단하는 것이 어려워서 전산팀 부장의 의견이 참고가 된다고 하였다.

전산팀의 부장도 한국전산주식회사에서 같이 근무를 했던 적이 있는 후배였다.

나는 그 전산팀장을 만나서 그를 채용하려고 하는데 긍정적으로 검토해달라고 부탁을 하였다.

한 마디로 반대를 하는 것이었다.

다른 모든 것을 떠나서 그 후배를 SDS에 채용하게 되면 선배님에게 큰 짐이 될 터이니 재고하시기를 바라고, 자신은 절대로 반대의사를 가지고 있다고 말을 하는 것이었다.

그 이유를 여기에 다 쓸 수는 없지만, 그의 성격과 인품에 대한 문제를 제시하는 것이었다.

나는 과거에 나의 부하 과장으로 같이 일한 적이 있어서 내가 그의 성격과 장단점을 잘 알고 관리할 수 있으니 나의 제안을 긍정적으로 검토해 줄 수 없겠느냐고 재삼 부탁을 하였다.

그 후배는 선배님께서 그렇게까지 말씀하시니 더 반대하지는 않겠지만, 관리에 많은 주의가 필요할 것이라고 조언을 하며, 인사팀 내의 검토를 한 후에 최종 말씀드리겠다는 답을 주었다.

나는 이 후배가 무엇인가 주위에 대하여 자신의 관리에 부족함이 있었구나 하면서 결과를 기다렸다.

그리고 나의 일상적인 생활이 타인에게 상처를 줄 수도 있고 위로를 줄 수도 있으며, 그것이 나도 모르게 나의 운명에 치명적인 영향을 줄 수도 있다는 생각을 다시하게 되었다.

인간관계의 이러한 모습을 보면서 일상생활에서도 늘 자신의 관리에 더 주의를 기울여야 하겠다는 생각을 하였다.

그리고 나를 다시 돌아보는 계기가 되었다.

거의 같은 시기에 한국전산주식회사에서 인사 관계로 상처를 입었던 한 후배가 찾아왔다.

그때 소프트웨어개발부문에서 일하고 있었던 이 후배를 그의 적성에 맞추어 관리자로 훈련시킬 생각을 하고 프로그램 전문직 대리를 과장으로 승진 인사를 하면서 100명 정도의 직원을 관리하는 자료과의 과장으로 임명을 하였다.

이 인사에 대하여 그는 자신이 승진을 하여 인정을 받았다고 생각하는 반면에, 전문직이 아닌 자료과 과장이라는 보직에 대하여는 밀려났다고 생각을 하여 심리적 혼란을 일으켜서 승진 몇 개월 후에 회사를 퇴직한 적이 있었다.

좋은 의도에서 행해진 인사지만 이유가 어떻든 그가 심리적으로 갈등을 일으키고 회사를 떠나게 된 것에 대하여 늘 미안한 마음이 떠나지를 않았었다.

그런 과정을 거쳐서 지금은 컴퓨터판매 전문 업체에서 부장으로 일을 하고 있었다.

그가 나를 찾아와서 자신의 현황에 대한 이야기를 한참 하였다.

본인의 현재 여건이 어려운 듯하였다.

원래 겉으로는 활달하고 개방적인 것처럼 행동을 하는데, 실은 내성적 성격의 후배였다.

그가 인사에 대한 오해로 회사를 떠나게 된 것도, 이 내성적 성격 때문이라고 나는 개인적으로 생각을 하고 있었다.

이러한 그의 성격적 특성을 잘 알고 있었기 때문에 그가 나를 찾아와서 긴 시간 본인의 현황을 설명하는 이유를 나름 해석을 하고 그를 SDS로 불러오기로 하였다.

그리고 SDS 직원 보충의 임무를 맡고 있는 비서실 전산팀 팀장에게 그를 추천하였다.

그와 전산실 팀장은 한국잔산주식회사에서 같이 근무를 한 적이 있는 입사동기였으며 서로 친한 사이였다.

SDS 총괄 임원인 내가 그를 추천을 하니까 전산팀장은 아주 반가워하며 즉시 인사처리를 하여주었다.

나는 그 후배를 불러서 내가 도움이 필요하니 SDS에 와서 나를 도와 달라는 부탁을 하였다.

그렇게 하여 그는 SDS로 오게 되었고, 이 회사에서 오래 근무를 하다가 퇴직을 한 뒤에는, 몇 년 동안 협력회사를 맡아 사업을 하기도 하였다.

그리고 지금은 친구 같이 만나서 여담을 할 수 있는 관계가 계속되고 있으며, 그는 지금도 그의 특이한 사고방식대로 거침없이 살고 있다.

오래오래 좋은 선, 후배로, 또 친구로 함께할 수 있기를 기원한다.

나는 이 세 가지의 인사를 하면서 사람들의 삶의 모습에 대하여 또 다른 생각을 할 수 있었다.

누구는 어떤 사람이 자기를 존경하여 자신도 모르게 모셔가려고, 누구는 주위 사람들이 자신을 기피하게 하는 인간관계를 만들며 살았고, 누구는 사람들이 자신과 함께하는 것을 즐거운 마음으로 받아드리게 하였을까?

나는 이 세 사람 모두를 다시 함께 할 수 있게 하였지만, 세 사람에 대한 주위사람들의 평가, 반응, 관심을 보면서 인간관계에 대하여 많은 생각을 할 수 있었다.

Digital 여행기
전산실 통합

사업추진 승인이 나고 회사가 설립되고, IBM의 투자가 이루어지고 있는 과정에서도 현실적으로 해결해야 될 문제이면서 그 문제의 해결을 위하여 계속 추진되고 있었던 일은 그룹의 전산실통합운영 추진 문제였다.

그렇게 추진되고 있었지만 가장 해결하기 힘든 문제도 그 전산실통합운영의 문제였다.

전산실통합운영의 성패는 소프트웨어 시장이 협소하고 열악한 상태에서 시장을 개척해가며 회사를 발전시켜가야 하는 우리의 입장에서는 당장 현실적으로 가장 시급하고 절실한 문제였다.

나와 민경수 과장은 비서실의 협조를 요청하면서 한 편으로는 그룹 관계사의 전산실장 등을 만나 설득과 협조요청을 계속해가고 있었다.

또 비서실장에게도 이를 위하여 각 회사의 사장님들을 설득하여달라는 부탁을 누차 하였다.

그런데 어느 날 사장께서 그룹 관계사 전산실을 통합하는 것은 문제가 많지 않겠느냐는 반문을 하시는 것이었다.

무슨 이유인가 하였더니, 그룹 관계사 전산업무를 운영하다가 잘못이 발생하면 모든 책임을 져야하니 관계사 전산실통합은 보류하자는 의견이었다. 나는 어안이 벙벙하고 참으로 난감하였다.

그렇지만 나는 사장을 설득하고 안심시키기 위하여, 그것이 회사의 설립목적을 성취하기위하여 꼭 필요한 조치이며, 한국전산주식회사에서는 사장님과 내가 함께 전혀 관계가 없는 기업들과 은행들 등 100여개가 되는 회사들의 전산업무를 10년간 무사히 처리하고 관리하였던 경험이 있으며, 지금은 그룹 내의 26개 관계사이므로 더욱 문제없이 관리를 할 수 있을 것이니 안심하시라고 하였다.

사업계획서를 다 읽어보셨고, 그것이 추진되지 않으면 회사설립의 기반이 흔들리고 장기적인 목표와 목적을 달성할 수 없음을 다 이해하고도 남으실 터인데, 왜 그런 발상을 하셨는지 그것은 지금도 완전히 이해가되지 않는다.

아마도 주변의 그룹 관계사 사장들이나 후배들의 반론을 많이 들으셨고, 그 반론에 따라 마음이 흔들렸을 것으로 추측을 할 수 있을 뿐이었다.

그룹 전산실의 통합을 통하여 경영적 에너지를 확보하고 이것을 장기 목적을 달성하기 위한 기술개발과 인재양성에 투자를 하여야만 우리는 그 목적을 성취할 수 있고, 그룹의 장기 정보산업 개척에 일익을 담당할 수가 있는 것이다.

쉽게 매출목표를 달성하기 위하여 단순히 통합을 하려는 것이 아니다.

통합을 성공시키는 것은 나에게 있어서는 외부로부터 수주를 하는 것보다 더 어렵고 고통스러운 일이었다.

그렇지만 후배들에게 세계를 향하여 달려가고 경쟁을 하면서 자신들의 꿈을 마음껏 펼치고, 기술 후진국의 서러움을 씻을 수 있게 해주는 나의 이상을 달성하기 위하여 이 기반을 마련하는 것은 나에게 가장 우선된 일 중에 하나였다.

전산실통합이라는 전제하에 그 목적이 설정된 것이다.

그 기반이 무너지면 회사설립의 목적이 취소되어야하고, 따라서 회사의 설립이유가 사라지게 되는 것이다.

누구에게서 무슨 말을 듣고 그런 말씀을 하는지 모르겠지만, 아니 대강 짐작이 가기도 하지만, 사장께서 그러한 생각과 판단을 하리라고는 전혀 예상하지 못하였던 일이라 참으로 난감한 생각이 들고, 향후에 이 일로 많은 애로가 생길 것 같다는 불길한 생각이 들었다.

그렇지만 사장님의 그 의견에는 절대로 동의할 수 없는 일이었다.

하루는 비서실 기획팀을 통하여 연락이 왔다.

비서실장께서 사장단 회의에서 각 회사 사장들과 전산실 통합운영에 대하여 의견교환과 협조를 요청하는 자리였으며, SDS 사장에게 전산실 통합을 위한 협조요청을 할 발언의 기회를 주었는데 오히려 SDS 사장께서 전산실 통합운영은 문제가 많으니 보류하는 것이 좋을 것이라고 말을 하였다는 것이다.

이 회의가 끝나고 난 다음, 비서실장은 비서실 기획팀장에게 SDS는 무엇하는 회사냐고 하며 화를 내셨다는 것이다.

정말로 하늘이 무너지는 기분이었다.

무엇에 뒤통수를 강하게 얻어맞은 기분이었다.

그 모든 어려움을 겪으며 여기까지 왔던 고통이 한 번에 온몸을 타고 엄습해오는 기분을 느꼈다.

이제는 전산팀이나 각 회사 전산실에 통합운영을 설득하고 협조를 요청할 수 있는 명분이 무너지고 말았다.

이 일을 놓고 볼 때는 사장님을 추천하여 SDS에 모시게 된 것이 커다란 오류였다는 생각을 금할 수가 없었다.

이러한 문제가 궁극적으로 발생하게된 것은 내가 사장님의 이상과 철학에 대하여 좀 더 깊이 이해하지 못하고 판단을 한 것이라고 밖에 말할 수가 없다.

쉽게 말하면 SDS를 통하여 실현하고자하는 이상이 일치하지 않았기 때문에 방법에서 시각이 다를 수밖에 없었던 것이다.

어떤 높은 목표를 달성하기 위하여 함께할 동지를 구할 때는 그 철학과 이상을 먼저 살펴야한다는 깨달음을 얻을 수 있었다.

특히 조직의 상사와 같이 하기위해서는 더욱 그 부분의 공감이 중요하다고 생각하게 되었다.

결국 사장이 SDS에 재임하는 기간 동안은 3개사의 전산업무만 위임을 받아 운영을 하면서 전산실통합운영의 명맥을 유지하고 있다가, 이병철 회장께서 작고를 하시고, 그 직후 내가 퇴직을 하고, 이건희 회장께서 취임을 한 뒤 2~3개월 되어서 SDS에 대한 보고가 있었고, 이때에 전산실통합 건에 대하여 질문이 있었으며, 이를 계기로 SDS에는 임경춘 사장이 부임을 하게 된다.

임경춘 사장이 부임을 한 후, 이건희 회장은 전산실통합에 대한 지시가 있었고, 이에 대한 이의를 제기하는 비서실 전산팀을 폐지하고, 그 전산팀은 SDS로 이동을 하여 전산실통합을 위하여 임경춘 사장을 보좌하도록 하였으며, 이를 계기로 전산실통합은 급물살을 타고 이루어지게 된다.

그리고 그 SDS는 설립 후 30년 만에 10조원의 매출을 달성하는 초대형기업으로 성장하게 되었을 뿐만 아니라, 그 모델이 각 그룹 회사들과 은행들이 소프트웨어 회사들을 설립하는 계기를 만들었고, 또 SDS에서 배출된 많은 인재들이 이 분야의 산업을 발전시키는 데에 기여를 하게 되었다.

그리고 지금은 소프트웨어분야에서 수십만 명이 근무를 하며 한국정보산업의 한 축을 이루고 있을 뿐만 아니라, 소프트웨어산업의 미래를 만들어가기 위하여 노력하고 있다.

Digital 여행기

프로젝트 수주

SDS 설립의 궁극적인 목적은 전산실통합운영에 있는 것이 아니다.

전산실통합은 SDS가 추구하는 최종목적을 달성하기위한 수단이었던 것이다.

최상위의 목적을 향해가기 위하여 1단계로 그룹 외부의 시장을 개척하면서 발전해나가야 하는 것이다.

"플랜트 자동화 프로젝트"

그러한 1차 전략을 위하여 외부의 시장정보를 조사하고 그 활로를 위하여 고민하고 있을 때, 동아엔지니어링이 인천부두의 대한통운 사이로 확장공사를 위한 설계를 하고 있고, 그 사이로 자동화가 그 프로젝트에 포함되어 있음을 알게 되었다.

그 당시에는 공장자동화(Factory Automation: FA)라는 미래시장에 대한 전망은 예측되고 있었으나, 그 기술적 실현의 예는 별로 없을 때이고 국내현실은 더 열악하고 초보적인 단계였다.

나는 이에 대응하기 위하여 동아엔지니어링의 그 프로젝트 담당 차장을 만나서 그 사이로의 자동화시스템 기술설계를 우리가 협조를 하고, 그 시공도 우리가 할 수 있다는 설명을 하고 그 프로젝트에 대한 참여 제안을 하였다.

모든 프로젝트 발주기관의 관행이 기술 및 가격의 제안 외에, 실적자료와 재무자료를 요구하게 되어있었다. SDS는 발족한지 몇 개월도 안되는 회사였으므로, 공장자동화 전담부서가 있을 수가 없었던 것이다. 나는 긴급히 FA부서를 발족시키고, 부장을 임명하고 특히 박양규 과장과 최현수 대리를 프로젝트 실무 담당자로 임명하였다.

그리고 사실은 전혀 경험이 없다고 해도 과언이 아닌 이 팀을 독려하여 제안서를 만들고 SDS 임직원의 개인적 경험과 이력 자료를 모두 긁어모아서 실적자료라는 것을 억지로 만들어냈다. 그리고 삼성그룹이라는 신용을 최대한 활용하는 전략으로 임했으며, 동시에 역으로 동아엔지니어링의 담당 차장의 협력을 요청해서 그분의 지원을 받았다.

3~4개월 정도 밤낮으로 작업을 해서 제안서를 만들어 제출하고, 팀을 구축하면서, SDS 최초로 그룹 외의 프로젝트를 수주하는데 성공을 하였다.

상당히 규모가 크고 고도의 기술을 요구하는 프로젝트였는데 그 총금액은 지금 기억이 되지 않는다. 10여명의 최고급 팀원들이 인천 부두 근처에서 숙식을 하며 수개월에 걸쳐서 개발해야만 하는 규모의 프로젝트였다.

그때 그 팀들이 회사의 첫 프로젝트고 동시에 국내에서는 고급기술을 필요로 하는 공장자동화 프로젝트로서도 처음이기 때문에 책임감과 의욕을 가지고 열심히해주었던 보람된 기억을 가지고 있다.

"한국군 C4I의 시동"

다음은 미 태평양사령부와 한미연합사를 연결하는 지휘통제시스템을 한국의 한미연합사령부에 구축하는 프로젝트가 파악이 되어서 이 프로젝트를 추진하게 되었다.

국방관리연구소의 현역대령인 신형강 박사가 나에게 이 프로젝트 추진을 위하여 협조해달라는 요청이 있어서 적극협조하기로 하고, 한 팀이 되어 프로젝트를 만들어가는 일을 시작을 하였다. 이 프로젝트의 이름은 TACCIMS(Tactical Command ControlInformation System) 프로젝트였다.

이 프로젝트에는 국내 소프트웨어업체는 참여의 여지가 없고, 미국업체만이 참여할 수 있는 프로젝트였다.

그 이유는 이 시스템의 기반이 되는 기술은 미국이 가지고 있고, 또 시스템을 구축하는 전체예산은 미군에서 투자를 하고 한국군은 벙커를 구축하는 토목공사 예산만을 투자하기 때문에 기술과 예산의 특성상 한국은 토목공사에는 참여할 수 있어도 시스템 구축에는 참여할 수가 없다는 것이었다.

신형강 대령은 이 시스템은 추후에 한국군 지휘통제시스템을 현대화하기위하여 절대로 필요한 것이므로, 이번 기회에 이 시스템을 한국군에 이전할 수 있는 길을 반드시 열어야하겠다는 의지를 나에게 말하며, 이를 위하여 어떻게 해야 할지 대책을 함께 수립하기를 요청하였다.

나와 신형강 대령은 협의를 하면서 이 시스템을 한미연합사에 구축하는데 한국군이 직접 참여하기는 어려우니, 미국기업이 이 시스템을 구축할 때 한국과 미국의 기업이 컨소시엄으로 참여하게 하는 방안을 먼저 찾아보자고 하였다.

기술이 첨단화되어가는 군의 무기체제와 대량 병참시스템을 운영해야하는 현대 전쟁의 특성상 향후의 전투는 군이 담당하고 기술을 포함한 병참은 민간이 역할을 담당하는 시스템이 개발되어야 하고, 그 시스템이 원활이 운영될 수 있는 관리체계가 구축되어야한다.

따라서 이 TACCIMS 시스템도 한국의 민간기업이 기술을 습득하게 하고, 추후 한국군의 시스템개발 시에 그 기업들이 참여하도록 하는 방안을 강구하는 방향으로 전략을 세우고 추진하기로 하였다.

그것을 위하여 해야 할 일을 정리하였다.

한국과 미국의 예산을 시스템구축과 토목으로 구분하지 않고, 포괄적으로 예산을 운영하도록 예산 항목을 다시 정리하여 한국기업이 참여하는데 있어서 예산 항목의 제약을 제거하도록 한다.

TACCIMS 이전단계의 시스템으로써 현재 한미연합사령부에서 운영되고 있는 시스템을 연구하여, 그 연구결과물을 한국 기업들에 제공하여 사전에 준비를 하도록 한다.

개발참여를 위해서는 미국기업들은 한국기업과 컨소시엄을 하여 참여함으로써 개발 후에 시스템 관리유지 및 애프터서비스를 한국 현지에서 할 수 있게 한다.

이러한 예비조건과 환경을 만들기 위하여, 신형강 대령은 우선 지휘통제 벙커를 건설하고 거기에 지휘통제시스템을 구축하는 프로젝트 팀에 참여하도록 노력을 하고, 거기에서 예산과 관련된 조건을 개정하도록 하는 작업을 하기로 하였다.

나는 기업이 참여를 하기위하여 예산규정 이외의 사항이 무엇인가를 더 조사 검토하기로 하였다.

또 우리 둘은 함께 한미연합사령부의 전산실 운영책임자를 알아보았다. 이근성 중령과 문 중령이 그 전산실에 소속되어 있는 것을 알고 그들을 만나서 자료에 대한 협조를 부탁하기로 하였다.

퇴근시간에 용산 연합사령부 정문 앞에서 이근성 중령을 만나서 우리는 식사를 같이 하면서 취지를 설명하고 도움을 요청하였다.

그래서 그가 제공해주는 자료를 토대로 우리는 시스템의 기본개념과 구조를 연구하였고, 이러한 연구의 결과는 신형강 대령이 예산협의에서 유용한 자료가 되었고, 한국의 기업들이 그 프로젝트의 개념을 이해하는데 많은 도움이 되었다.

그 후에는 이근성 중령과 문 중령은 적극적으로 이 일을 위하여 그들이 할 수 있는 일들을 도와주었다.

이렇게 하면서 TACCIMS 프로젝트를 위한 한미 공동팀이 구성되었고, 신형강 대령은 한국 측 프로젝트책임자(PM)가 되고, 이 프로젝트를 위하여 새로 배속되어 온 Mr. Onil 대령이 미국 측 프로젝트책임자로 부임을 하였다.

그리고 Onil 대령을 보좌하기 위하여 미군 중령 한 사람이 임명이 되었는데, 그의 이름은 상당히 긴 이름 이었는데 지금은 첫 글자가 'S'라는 것만 기억할 수 있을 뿐이다.

신형강 대령과 나는 우선 한국 소프트웨어회사가 이 프로젝트에 참여할 수 있는 길을 열고 환경을 만들어야하는 것이 중요하였다.

이제 이러한 계획을 구체화하기 위해서는 한국과 미국의 기업이 컨소시엄으로 참여하는 것이 한미 군사공동작전을 수행하는데 더 유리하고 효과적이라는 논리를 Mr. Onil 대령이 이해하도록 설득하고, 그의 동의와 협력을 얻어내야 했었다.

추후 한국군이 이 시스템을 구축하기 위하여 기술이전의 목적이 있다는 것은 미국의 대 한국 전략의 문제와 연관이 있기 때문에 그 반응과 결과가 어떻게 나타나게 될지 예측할 수가 없어서 한미 공동개발에 대한 공개적인 효과를 제안할 수가 없었다.

신형강 대령은 군 내부에서 오닐 대령을 비롯하여 관계자들을 이해시키고 설득하며 협조를 이끌어내기 위하여 노력을 하였고, 나는 오닐 대령이 시간이 나면 때를 가리지 않고 함께 다니며 한국의 문화와 사회를 접하게 하면서 우리 기업들의 소프트웨어 기술역량을 설명하여 주었다.

한번은 주말에 1박 2일로 단양팔경과 소백산 희방사를 여행하며 그에게 무리하지 않고 컴퓨터 및 소프트웨어 기술에 대한 설명을 하면서 자연스럽게 우리나라 정보산업에 대한 이해를 하도록 노력을 하였다.

또 오닐 대령을 보좌하는 'S' 중령은 전역을 할 예정이었다.

그래서 그는 한국에서의 근무가 몇 개월 남아있지 않았다.

그는 전역 후에 프로골퍼로 활동할 계획을 가지고 있었으며 실제로 그의 골프실력은 언더 핸디 실력이었다.

그래서 그와는 골프 플레이를 하면서 우리의 입장에 대한 설명을 하여 그가 우리의 바람을 받아드릴 수 있도록 노력을 하였다.

이러한 결과로 이 TACCIMS 프로젝트에 한국기업이 미국 기업과 컨소시엄으로 참여할 수 있는 길이 열리게 되었다.

이 프로젝트를 추진하게 된 동기는 순전히 신형강 대령의 애국심과 군에 대한 충성심이 그 동기가 되었고, 그의 열정에 이끌리어 나 역시 가망이 거의 없었던 일에 조건 없이 참여를 하였었다.

그리고 이 작업은 1년 정도가 넘게 계속되어 1987년에 프로젝트가 확정이 되고, 미군의 오닐 대령과 한국군의 신형강 대령 그리고 한국 기업의 나는 이 TACCIMS 프로젝트의 성공적 수행을 위하여 그 시스템의 운영실과 지휘통제실이 구축되어 있는 지하방카를 방문하여 견학을 하였다.

또 그 프로젝트의 추진을 위하여 신형강 박사는 미국의 지휘통제 시스템의 전문연구기관에 1년간 유학을 하고 돌아와서 이 프로젝트 추진에 한국군의 대표로 임무를 수행하게 되었었다.

그 다음에 한미컨소시엄 회사들이 제안서를 작성하여 제출하고 심사를 거쳐서 업체가 결정되게 되었었다.

이렇게 한국기업이 참여할 수 있도록 길을 열어주고, 결과적으로 한국기업들이 기술을 습득하고, 한국군의 전자화에 크게 기여해 준 오닐 대령과 'S' 소령에게 감사의 마음을 전한다.

SDS는 이 프로젝트에 참여하기위하여 회사설립 시에 검토되고 인연이 있었던 Boeing C&S와 TRW를 검토하여 시스템기술에서 우위에 있다고 판단이 되고, 기술 이전조건이 좋은 Boeing과 컨소시엄 파트너를 이루었고, 후에 TRW는 쌍용과 파트너를 이루어 경쟁을 하게 되었다.

'Boeing C&S'의 스완슨 부장 외 2명이 SDS에 와서 협력을 하며 몇 개월에 걸쳐서 제안서 작성을 하여 제출하였고, 그리고 심사를 거쳐서 협상대상자가 결정이 되었다.

1987년 12월쯤에 Boeing C&S와 SDS 컨소시엄이 우선 협상대상자로 결정이 되었으며 곧 협상요청통지가 갈 것이라는 연락을 신박사로부터 받았다. 그때는 내가 11월 말로 회사를 퇴직하고 휴식을 하고 있을 때였다. 그래서 나는 후배 이사에게 그 사실을 알려주고 알아보라고 하였다.

그런데 어떤 연유인지는 아직도 알 수 없지만 SDS는 협상에 임하지를 않았고, 제2협상 대상자인 TRW-쌍용 컨소시엄이 그 프로젝트를 수주하였었다.

그 이사에게 이 사실이 알려지고 계약이 종결될 때까지 SDS 내부에서 무슨 일이 있었는지 지금도 궁금한 사건이다.

수주야 누가 하였든 신형강 대령의 의지와 그 뜻에 공감하고 참여한 나의 노력으로 처음으로 미국의 대기업과 한국의 기업들이 대형 소프트웨어프로젝트를 공동으로 추진할 수 있는 전례를 만들고, 그 결과로 군의 주요기술이 한국기업에 이전이 되어 한국군의 지휘통제체계를 현대화하는 C4I 프로젝트를 기획할 수 있게 하는데 초석을 놓을 수 있었던 그 일은 지금도 보람 있는 추억으로 내 기억 속에 각인이 되어있다.

그 후 신형강 박사와 나는 지금까지 사회의 동반자 같은 친구가 되어 상호 존중과 신뢰를 가지고 함께 하고 있으며 내가 평생 동안 만났던 인간관계에서 가장 소중한 인간관계 중에 하나로 기억하고 있다..

"IBM System 3090 판매"

이때에 SDS를 설립하고 추진하던 업무들 중에서 대형 프로젝트가 또 하나있었다.

체신부 전산실에 설치할 컴퓨터 구매 프로젝트였다.

그 당시 한국에서 제일 큰 수준의 컴퓨터 구매 프로젝트였었다.

SDS가 IBM과 합작회사가 되면서 IBM의 제품을 판매하는 사업도 함께하고 있었다.

나는 이 프로젝트를 1987년 중반부터 추진을 하였고 그 당시 체신부 전산실 과장을 몇 차례 만나면서 IBM의 System 3090을 판매할 수 있도록 추진을 했었다.

IBM으로서는 한국에서 대형 System 3090이 처음 설치될 수 있는 기회였을 뿐만 아니라, 그때까지 체신부는 IBM의 경쟁사인 UNIVAC System을 사용하고 있었는데 이를 교체하는 일석이조의 효과를 거둘 수 있는 프로젝트였다.

이 프로젝트 추진을 위하여 그 과장과 퇴근 후에는 세종호텔 사우나에서 몇 회에 걸쳐 목욕을 겸한 휴식을 하면서 담당관인 그에게 제품에 대한 설명을 몇 차례에 걸쳐서 하였었다.

이러한 과정을 거쳐서 내가 퇴직을 한 후인 12월 초에 그 과장으로부터 연락이 왔다.

IBM System 3090으로 결정이 되었다는 것이다.

나는 이 사실을 당시 IBM Korea에서 SDS로 오게 된 박신구 상무에게 알려주고 조치해야 될 사항들을 설명하여주었다. 그리고 그 과장에게 박 상무를 소개하고 그가 내가 약속한 무든 것을 책임지고 이행할 것이라고 알려주었다.

이 프로젝트는 목표했던대로 잘 마무리가 되어서 3090 System이 설치되어 운영이 될 수 있었다.

이렇게 SDS의 영업 영역은 그룹 내의 전산실통합운영과 함께 그룹 외에서도 적극적으로 추진되고 있었다.

크고 작은 프로젝트들이 발굴되고 영업활동이 진행되면서 필요한 인력이 확충되고 조직이 확장되면서 SDS는 하루가 다르게 변화를 계속할 수 있었다. 오닐 대령과 이종만씨, 그리고 나 셋이, 단양 호수에서 함께 했던 색바랜 사진 한 장이 그때의 기억을 새롭게 한다.

Digital 여행기
인식의 정지

삼성전자 컴퓨터사업부의 직무와 소프트웨어전문회사 설립기획을 겸직하면서 정신없이 정말 정신없이 시간이 흘러가고 있었다.

그리고 소프트웨어전문회사 설립을 위하여 그룹 전산실통합운영에 대한 합의도출과 공정거래법 개정, 금융투자관련 규제로 관계사들의 자본출자가 불가능해진 문제를 해결할 방안을 찾기 위하여 수많은 사람을 만나야 했다.

아침 6시에 집을 출발하여 수원공장, 강남 사무실, 소공동 본관을 매일 순회하며 새벽 1시가 되어 집에 도착하는 일이 1년 내내 계속 되고 있었다. 이러는 가운데 하루는 소공동사무실에서 온몸에 힘이 빠지며 식은 땀이 흐르고 아무 생각도 할 수 없는 상태가 되어, 의자에서 일어설 수가 없었다.

생각을 해보니 잠잘 시간도 없이 쫓아다니며, 문제해결을 위하여 사람들을 만나야하며, 지난 1개월여는 위의 문제들을 해결하기 위하여 매일저녁 술을 마시는 일이 계속되었던 것이다.

그러니 몸에 특별한 병이 생긴 것은 아니지만 과로와 음주 그리고 수면부족으로 체력이 모두 소진상태가 된 것에 대한 신체적 반응인 것 같았다.

육감에 그냥 육감으로 지난 2~3년 동안에 나의 수명이 5년은 감축된 것 같은 생각이 들었다.

며칠 동안 저녁의 음주를 피하고 가능한 피로 회복을 하고, 체력을 정상화하기 위한 노력을 아니 할 수가 없었다.

1987년 2월경이었던 것으로 기억이 된다.

회사가 처음 설립되었고, IBM과 합작투자에 대한 예민한 협상과정이 계속되고, 전산실통합은 강한 저항으로 진척이 없고, 그룹 외의 시장에 조속히 진출해야하며, 이를 위하여 인력을 보충하고 교육과 훈련을 하면서 조직을 구축하고 강화하는 일이 계속되었다.

오른쪽의 팔과 다리에 마비증상이 자주 나타나더니 급기야는 오른팔이 젓가락질을 할 수 없을 정도로 되었다.

그동안 참고 그냥 지나왔지만 집무가 불가능한 상태가 되어 그 당시 서대문 쪽에 있었던 삼성고려병원의 정형외과를 찾아갔다.

진찰결과는 강한 스트레스의 지속으로 근육이 지속적으로 긴장이 되어, 목뼈의 간격이 좁아지고 그 압박으로 신경이 눌려있다는 것이었다.

최소 2주간 입원치료를 하고, 다음부터는 일정기간 단위로 입원을 하여 물리치료를 받아야한다는 것이다.

완전히 치료하는 방법이 없겠느냐고 질문을 하였더니, 무조건 회사를 퇴직하고 절간에 가서 1년 이상 휴식하는 방법 밖에 없다고 하였다.

그러면서 의사와 이런 말을 나누었던 기억이 있다.

출근은 몇 시에 하십니까? 아침 7시 전에 집에서 출발합니다.

퇴근은 몇 시에 하십니까? 밤 12시 입니다.

주말에는 무엇을 하십니까? 회사 출근을 합니다.

1년에 휴가는 얼마나 가십니까? 휴가를 간 적이 없습니다.

무슨 운동을 하십니까? 운동을 할 시간이 없습니다.

그러면 무슨 재미로 사십니까? ----------- !

이것은 우스갯소리가 아니고 실제로 나누었던 이야기다.

그 당시 삼성임원들의 일상이 나와 거의 비슷한 상황임을 익히 알고 있는 의사가 나에게 어떤 암시를 주기 위하여 의도적으로 질문을 하였던 것은 아닌가하는 생각을 했었다.

10일 정도 입원을 하고 의사의 처방에 따라 치료를 하고 나니 어느 정도 직무수행이 가능할 것 같아서 의사의 만류에도 그냥 퇴원을 하였다. 회사의 일들이 머릿속을 가득 채우고 있어서 도저히 병원에 더 있을 수가 없었다.

이런 생활이 몇 년간 계속되면서, 이제는 이러한 생활이 거의 습관화되어서 바쁘지 않으면 오히려 무료하고 불안하며 무슨 도적질이라도 한 것처럼 가책을 느끼게 되어 일부러 일을 만들어내어야 했다.

그 시대를 같이했던 많은 동료들이 나와 같은 생각으로 각자 자신의 사회적 책무를 의식하고 있었다.

그래서 자신의 직무에 임하는 자세 또한 비슷한 처지였으며, 자신들이 스스로 일 중독에 빠졌다는 것을 알면서도 그 상태를 벗어날 수가 없었다. 벗어날 수가 없다기보다는 그 상황을 즐기는 상태가 되었다고 하는 것이 적합한 표현이 될 것 같다. 아니 그냥 중독이라기보다 모두 일 전염병에 걸렸다고 하는 것이 더 적합할 것 같다.

Digital 여행기

SI 산업의 발전과 그 회사들

삼성데이터시스템이 설립된 이후에 그룹 전산실을 통합하여 그룹사의 전산시스템을 개발하고 운영하면서 성장을 거듭하게 되었고, 중간에 회사이름을 삼성SDS로 개명을 하였다. 원래는 삼성정보시스템으로 개명하려고 했었는데, 삼성전자 대리점이 그 이름을 사용하고 있어서 삼성SDS로 개명을 하였던 것으로 알고 있다.

중간에 삼성네트워크가 삼성SDS에서 분리 경영되기도 하였으나 다시 통합되었으며 지금은 년간 10조원의 매출을 하며 전 세계에 십 수만 명의 직원이 근무를 하고 수천 개의 협력회사들이 함께하는 초대형 세계적인 소프트웨어회사가 되었다. 삼성데이터시스템이 설립되고 소프트웨어와 하드웨어 그리고 통신을 통합하여 전체를 개발하고 필요에 따라서는 시스템의 운영까지도 대행하게 되면서 이런 사업 분야를 시스템인테그레이션(SystemIntegration)라고 부르게 되었고, 이를 줄여서 SI 프로젝트, SI 사업이라는 용어를 쓰게 되었다.

소프트웨어 회사설립 기획을 맡아 진행하면서 나는 삼성에서 이 사업을 추진하면 반드시 금성사(LG그룹의 전신)와 현대그룹, 대우그룹이 경쟁적으로 이 사업에 참여를 할 것이고, 그 여파로 그 다음 규모의 기업그룹들이 이에 참여하게 되어 확산이 될 것이라고 생각을 하였다. 그리고 10년 후에는 이 산업분야에서 젊은이들이 10만 명~20만 명이 그들의 뜻을 펼칠 수 있게 될 것이라고 예측을 하였다.

처음에 SDS 설립기획을 시작할 때에는 한국전산주식회사를 그 모체로 하는 방안이 있었다.

그 한국전사주식회사는 삼성그룹의 동방생명이 1/3의 주식을 소유하고 있었고, 일본의 제일보험에서 1/3의 주식을, 대한교육보험이 1/3의 주식을 가지고 있었다.

일본의 제일보험이 소유한 주식은 우호적 주식으로 협조를 받을 수 있었기 때문에 대한교육보험과 합의를 하게 되면, 지분을 인수하여 기존 10년의 기반을 가지고 있는 회사에 자본증자를 해서 발족을 하기 용이하기 때문이다. 그러나 대한교육보험의 반대와 한국전산주식회사 직원들의 반대 여론으로 그것은 성사되지 못했다.

따라서 새로운 기획에 의거하여 SDS는 완전히 신설하는 방식으로 설립이 되었었다.

그 당시 한국전산주식회사의 이사였으며 가장 가까웠던 후배가 후에 나에게 해준 이야기가 있다.

한국전산 주식회사가 삼성의 주력기업으로 변하게 되면 삼성의 인재들이 회사의 주력을 이루게 되어 자신들이 밀려날 것 같아서 자기가 후배직원들을 선동하여 삼성이 지배주주가 되는 것을 적극 반대를 하였는데 그 후에 많은 후회를 하였다고 말해주었다.

회사는 후배이지만 나이는 나와 같은 후배라 지금은 가까운 친구로 지내고 있다.

나는 SDS의 설립등기가 끝나고 그 사업계획서를 제일 먼저 금성사의 구지회 상무에게 주고 금성사도 검토해볼 것을 권유하였다.

그래서 금성 소프트웨어가 설립이 되고 후에 LG C&S로 발전하는 계기가 되었다.

다음은 현대전자가 이를 추진할 수 있도록 한국전산주식회사에서 후배로 같이 근무를 하였고 그 당시에는 현대전자에서 근무하고 있는 김홍배 이사에게 사업계획서를 주었고, 이것이 그 사업을 주관하게 된 이종훈 이사에게 전달되었을 것으로 생각한다. 그렇게 해서 HIT가 설립이 된다.

그러나 현대그룹 전산실통합 과정에서 극렬한 반대에 봉착하게 되고 통합에 실패를 함으로써 HIT는 SDS, LG C&S, 대우, SK C&C 같은 회사들보다 경영의 어려움을 겪다가 M&A의 과정을 걷게 된다.

이 통합에 가장 반대를 한 사람은 한국전사주식회사에서 함께 있었던 후배가 현대 계열사의 전산실장으로 있었는데 이 후배가 가장 반대하는 대열에 있으면서 통합을 저지하는 역할을 하였다.

결국 기반이 약한 HIT는 대 그룹의 SI 회사들 중에서 제일먼저 타 그룹에 매각되는 결과를 초래하게 되었다.

이후에도 대우그룹 소프트회사가 설립되어 유완제씨가 초대사장으로 취임을 하였으며, 대학 동창인 안태형 친구가 유공에서 유공데이터시스템을 설립하는데 나의 경험을 조언해주었으며, 후에 선경정보시스템과 통합을 하면서 SK C&C로 발전하게 되고, 안태형 사장이 SK C&C의 초대사장으로 취임을 하였었다.

한전의 친구들인 박석순, 조등용, 김정부 처장들에게 별도의 회사를 만들 것을 권유하여 한전데이터네트(KDN)가 탄생하도록 노력을 하였다.

KDN은 그 당시 김정부 통신처 처장과 조등용 박석순 부처장 등이 주관을 하여 한전의 통신부문과 전산부문의 기능들 중 일부를 분리 독립시켜 정보와 통신을 대신할 KDN을 설립하게 되면서 공공기업들의 소프트웨어회사 투자 및 설립에 대한 관심을 자극하게 된다.

이러한 흐름은 급물살을 타고 각 은행이 소프트웨어전문 자회사를 만들고, 계열사를 가지고 있는 대소 그룹들은 소프트웨어회사를 만드는 것이 유행같이 퍼져나가게 되었다.

또 다른 사례로써 조이남씨와 김려성씨가 각각 주도적 역할을 하였던 금융공동결제원과 한국증권전산소는 금융 산업분야가 공동으로 전산시스템을 구축하여 그 산업의 현대화를 이룩하면서 그 산업분야의 발전을 촉진하고, 더욱 육성할 수 있게 한 성공적인 사례가 될 수 있다.

이분들도 이 분야의 개척을 하면서 초기에는 많은 반대와 애로에 봉착하였었고, 또 이를 극복하면서 이러한 결과를 이루어낼 수 있었던 노력에 경의를 표하지 않을 수 없다.

이 후 약 10여년이 시간이 흐른 뒤에도 농협중앙회전산부의 김광옥 기획과장과 협력을 하여 정보통신부문의 계열회사 설립 타당성보고서를 작성하였으며, 이 보고서가 동기가 되어서 김광옥씨가 농협전산부문 사장으로 취임을 하였을 때 농협정보통신주식회사를 설립하는 계기가 된다.

이러한 결과가 지난 30년 동안 한국의 정보산업 발전에 일익을 하면서 특히 시스템통합 산업이라는 또 다른 하나의 정보산업의 영역을 개척하게 된다.

그리고 소프트웨어 분야의 일자리도 수십만 개가 창출되는 경제적 효과를 가져왔다.

그러나 그렇게 많은 회사들이 설립되었고, 내가 제공해준 사업계획서에는 분명이 소프트웨어에 대한 핵심 기술개발 전략이 있었음에도 모든 회사에서 이 부분이 간과되어, 30년이 흐른 뒤에도 마이크로소프트의 "윈도우"나 오라클의 "데이터베이스" 또는 안드로이드 같은 수준의 한국을 대표할 수 있는 소프트웨어 기술과 제품이 개발되지 못했다는 것이 많은 아쉬움과 회한으로 남는다. 이러한 일련의 과정과 흐름 속에서 우리는 무엇인가를 깨달을 수가 있다.

각자가 사회와 조직 속에서 어떤 결정을 할 때에 그 결정의 책임자가 어떻게 결정하는가에 따라서 사회와 주위에 많은 영향을 주게 된다는 것을 생각할 필요가 있다.

결정은 최종결정권자가 혼자 하는 것이지만, 그 결과는 주위의 많은 사람들에게 더 나아가서는 사회의 불특정 다수에게 큰 영향을 미칠 수 있다는 것을 깨닫고 신중한 결정을 해야 할 책임을 인식해야 한다.

어떤 시대에 그 사회의 책임자가 어떤 결정을 하는가에 따라 역사는 후퇴할 수도 있고 전진할 수도 있으며, 사람들에게 더 좋은 삶을 열어줄 수 도 있고 더 괴로운 삶으로 떨어지게 할 수도 있다.

Digital 여행기

장기 인사 소견

삼성그룹의 이병철 회장의 경영방침 중에 인재제일이라는 것이 있는 것은 삼성그룹의 직원이 아니라도 널리 알려진 사실이다.

인재양성과 교육훈련에 대한 제도와 방법, 과정은 일일이 나열할 수 없을 정도로 다양하며 철저하게 실행되었었다.

그 중에서 일반적으로 알려지지 않은 사실에 대하여 나의 경험을 적어보려고 한다.

그 당시 삼성그룹에서는 인재양성을 위하여 최고경영자나 최고전문가의 잠재적 자질이 있는 인재를 그 회사의 최고경영자가 소견을 적어 추천하는 제도가 있었다.

이 추천서는 본인이 알 수 없게 최고경영자가 직접 작성하여 밀봉 후 비서실 인사 담당자에게 제출하는 제도였었다.

SDS가 회사설립 등기를 마치고 얼마 되지 않은 때이라 내가 정식 대표이사는 아니었지만 총괄이사로서 최고 경영자의 직무를 수행하고 있을 때여서 SDS의 이 잠재 인재의 추천을 내가 해야만 되는 기회가 있었다.

이 추천은 최고경영자 양성 대상자 1인과 최고전문가 대상자 1인을 추천하는 것이다.

이 추천의 대상자들은 삼성의 인재개발시스템에 의하여 본인도 인지

할 수 없는 방법으로 교육훈련이 이루어지고, 목적에 도달할 때까지 많은 기회와 동기가 부여된다.

이 과정을 잘 통과하게 되는 그 사람은 삼성그룹에서 최고경영자, 최고전문가의 위치에 오르게 된다.

나는 최고전문가로써의 잠재력이 있는 대상자는 쉽게 결정하여 추천할 수가 있었다.

그런데 최고경영자로써의 잠재력이 있는 대상자는 2명을 놓고 최종선정을 하는데 고민을 아니 할 수 없었다.

한 후배는 조직적응력이 탁월하고 치밀한 관리능력을 가지고 있었으며 리더십을 가지고 있었다.

또 한 후배는 폭넓은 업무지식과 탁월한 기획능력 그리고 친화력과 포용력을 가지고 있었다.

두 사람 다 잠재력이 탁월한 인재들로써 SDS 탄생에도 함께 큰 공로를 세웠다.

향후 훈련을 통하여 개선해야 될 점은 전자의 후배는 사고의 유연성이 부족하여 스트레스를 많이 받을 수 있고 약간은 이기적인 편이다.

한 사람은 사고가 자유주의적이며 평등사고가 강하여 조직적응력과 냉정한 결단력에서 취약점이 나타날 수 있는 편이었다.

이 두 사람 중 한 사람을 선택해서 추천을 하여야 했었다.

그런데 개인적으로는 후자가 더 호감이가는 인간형이다.

그리고 SDS 설립의 공로에서도 후자가 더 앞서 있는 편이었다.

그러나 이 인사 소견서는 삼성의 미래인재를 양성하는 후보를 추천하는 것이다.

 양자 중에 과연 누가 삼성의 조직문화 속에서 성공적으로 목적지에 도달할 수 있을 것인가 고민을 하였다.

 개인적 호감으로 추천을 한다고 하여 당장 결정이 되는 것이 아니고 앞으로 긴 훈련의 과정을 통하여 자기 변신과 발전을 계속하면서 평가를 받아야 되는 대상이 되는 것이다.

 그리고 이 사실은 절대로 본인에게 알려줄 수가 없는 추천자의 의무인 것이다.

 결국 긴장도가 높은 삼성의 조직 속에서 교육과 훈련을 통하여 목적을 이룰 수 있는 가능성은 전자가 높다고 판단을 하였다.

 그래서 조직의 책임자로서 객관적 기준에 의하여 최종적으로 전자를 최고경영자 양성후보로 추천을 하였다.

 그리고 추천해주지 못한 후배에게는 개인적으로 평생 미안한 마음을 가지고 있다.

 그런데 결과적으로 추천을 한 두 후보는 삼성의 인재양성 과정을 잘 통과하여 추천한대로 한 사람은 삼성그룹의 사장에 오르고, 한 사람은 그 분야의 최고전문가직에 올라 전무로서 기술 분야 대표까지 하게 되었다.

 이러한 과정을 거치면서 사람의 운명이란 내가 생각하는 나에 의해서 결정되는 것 보다는, 사회에 비추어진 나의 모습에 의해서 결정되는 확률이 훨씬 높다는 생각을 하게 되었다.

Digital 여행기

5대 기간 전산망과 선 투자

삼성데이터시스템주식회사(SDS)가 설립되고 IBM과 합작투자를 추진하고, 그룹전산실 운영통합을 추진하면서, 대외적으로는 프로젝트 수주를 위한 노력이 병행해서 치열하게 진행되고 있었다.

한미연합사의 TACCIMS 프로젝트, 대한통운 사이로 자동화 프로젝트, 체신부의 컴퓨터 시스템, 등의 프로젝트가 추진되는 한편으로 정부 5대 기간 전산망개발프로젝트가 태동을 하고 있었다.

정보산업육성차원에서 1983년에 정책적 검토가 이루어졌던 이 5대 기간 전산망을 위하여 정부 내에 전산망추진위원회가 구성되고, 데이콤이 설립되고 진흥원이 설립되고 하였지만, 실질적인 추진에서는 진전을 하지 못하고 있었다.

그 이유는 여러 가지 애로사항들이 있었지만 예산에 관련된 문제, 투자와 회수의 경제적 순환 모델의 문제, 정부전산화에 대한 인식의 부족, 개발 조직의 미비 등이 중요한 원인이 되고 있었다.

청와대에서는 대통령으로부터 책임을 위임받은 홍성원 비서관이 전산망추진위원화를 통하여 인식확산을 하며 각 부처에 독려를 하고 있었지만 그 성과가 전혀 없어 어려워하고 있었다.

그 문제점들 중에서도 가장 큰 문제는 예산의 문제였었다.

그 당시 정부프로젝트의 일반적인 추진절차는 사업의 구상, 사업 추진 계획 및 승인, 소요 산출과 예산 제기, 각 부처 기획실의 예산 심의와 승인, 경제기획원의 예산 심의와 승인, 국회 예산 승인, 예산 집행 계획 및 조정, 예산배정, 프로젝트 시행 계획, 발주의뢰, 업체선정, 발주계약, 개발시행, 납품, 검사, 대금 결제 등의 십 수 단계의 과정을 거쳐야 개발을 진행할 수 있는 것이었다.

셀 수도 없이 많은 전자정부 개발대상 프로젝트들이 각각 이러한 복잡한 절차를 거쳐야만 비로써 개발에 착수할 수 있는 것이었다.

프로젝트 기안이 되고 행정적 절차가 진행된다하더라도 한정된 국가 재정 규모에서 막대한 자금이 소요되는 신규 사업에 새로운 예산을 배정할 수 있는 방안이 없으므로, 기존의 방법으로는 예산을 확보한다는 그 자체가 불가능한 것이었다.

일부의 예산을 배정받아서 개발을 착수한다고 하여도 다음 해에 예산이 확보되어 프로젝트개발을 연속성 있게 진행할 수 있다는 확실성이 없는 것이었다.

따라서 개발이 징검다리 식으로 널뛰기를 하게 될 것이고, 그렇게 되면 프로젝트의 개발은 계속 실패의 반복을 하며 예산을 낭비하고 국가 행정 및 사회에 막대한 혼란을 초래할 것은 불을 보듯 뻔한 것이었다.

또한 기업체들은 국가의 예산회계규정에 의거하여 매번 경쟁입찰을 하여야 하니 사업의 연속성을 보장받을 수는 더욱이 없는 것이었다.

SDS가 설립된 후, 나는 행정전산망개발의 이러한 문제점들을 모두 검토를 하고, 그 프로젝트의 추진을 위한 전략보고서를 약식으로 작성한 후 내무부(지금의 행정안전부)를 찾아가서 지방행정 지도과의 주민계 담당 차주영 사무관을 만나서 나의 제안을 간략히 설명한 후, 그를 통해서 전석홍 차관보에게 주민등록과 토지대장을 중심으로 하는 행정전산망개발에 대한 SDS의 제안을 다시 설명하였다.

삼성그룹이 행정전산망개발구축을 위하여 필요한 데이터베이스구축, 소프트웨어개발, 하드웨어설치, 개발 후 운영에 소요되는 모든 비용을 선 투자하고, 장기운영계약에 의거하여 점진적 회수를 한 다음, 시스템 운영을 기부체납 하겠다는 제안이었다.

내무부에는 5대 국가기간전산망 구축 중에서 가장 비중이 높고, 가장 우선적으로 개발해야 되는 행정전산망의 개발책임이 있었다.

가장 문제가 되는 개발예산과 기술 그리고 운영과 시스템관리에 대한 책임을 지고 내무부의 관리 하에 행정전산망구축 프로젝트를 추진하겠다는 것이었다.

이 제안은 담당부서인 지방행정지도과의 검토와 동의를 얻은 후 담당 책임자인 전석홍 차관보의 동의를 얻었고, 전석홍 차관보가 전산망추진위원회에서 협의를 하기로 하였다.

약 1개월 정도 시간이 소요되었던 것으로 기억이 된다.

돌아온 답변은 전산망추진 위원회에서 동의를 받지 못했다는 것이었다.

그 이유는 안전기획부(지금의 국가정보원)에서 보안문제로 반대를 하였다는 것이다.

국가기밀을 민간기업에 맡겨서 개발하고 또 운영까지 하는 것은 불가 하다는 것이었다.

그 당시 고급공무원으로써는 아주 긍정적이고 진취적 사고를 하던 전석홍 차관보가 그 결과를 나에게 말해주며 크게 실망하던 모습이 지금도 기억에 생생하다.

전 차관보는 그 후에 전남도지사로 부임을 하여 도정을 잘 경영한 방백으로 알려진 인물이다.

그 분만이 아니라 나 자신도 참으로 답답한 심정을 금할 수가 없었다.

그때나 지금이나 정부기관들의 부처이기주의와 공무원들의 전문성에 대한 무지함과 지나친 기밀주의가 작용한 것이다.

국가의 미래를 위하여 상위 전략에 대한 해법이 있으면 채택을 하고 그 하위 기능의 문제점을 해결해야하는 것이 긍정적 전략추진 방법인 이 보편적 상식에 대한 이해와 훈련이 전혀 되어있지 않았던 것이다.

그렇다고 굳어져있는 이러한 국가기능과 공직자들의 사고방식을 어느 개인이 단숨에 바꾸거나 개혁을 할 수는 없는 것이었다.

나는 이 해법을 당시에 행정전산망 전담기구로 발족이 되었으나 방법을 찾지 못하고 있었던 데이콤의 담당사업부장에게 이야기해주었다.

일단 데이콤은 정부가 출자를 한 기관이니 안기부를 설득할 수 있는 기본적인 명분을 가지고 있었다.

나의 의견이 참고가 되었는지는 알 수 없지만, 그 이후에 데이콤은 선투자 방식을 추진하였고, 그 방식에 의하여 행정전산망추진은 속도를 내게 되었다.

실제로는 정부기관이든 정부출자기관이든 일반기업체든 그 기밀의 유지는 제도적 기술적 방법과 교육 및 훈련에 따른 것이지만, 정부기관들은 법적인 명분과 형식을 우선하므로, 막 설립이 되어 조직이 미비 된 조직이지만, 데이콤이 삼성보다는 공무원들에게 형식과 명분에서 도움이 될 수 있으리라 생각할 수밖에 없었다.

현재 군사기술의 최 선진국인 미국과 이스라엘 등의 군사기술과 무기는 모두 민간기업을 통하여 개발이 되고 생산조달이 되며, 시스템의 운영은 군과 민간이 협동으로 운영함으로써, 모든 기업들이 전시에는 고도의 효율적인 병참기능을 하고 있다는 것을 정부와 군의 관리자들은 깨닫고 알아서 선진적 국가시스템을 개발하여야할 것이다.

그렇게 하여 데이콤이 선투자를 하여 개발하고, 후 개발비회수라는 투자 및 회수 모델이 만들어지고 그 방법 하에서 행정망 개발이 추진되었었다.

그러한 상황 하에서도 지지부진하던 행정망개발 사업은 이철수 박사가 데이콤의 행정망개발사업단장으로 새로 부임을 하고 여찬기씨 등이 합류를 하면서 프로젝트 추진은 더욱 급물살을 타게 되고, 성공적인 개발이 이루어질 수 있었다.

Digital 여행기

타임머신으로 돌아와서

이 이야기는 내가 삼성SDS를 퇴사한 이후에 SDS와 관련하여 이루어 졌던 이야기이다.

거의 약 10년 후의 일인데, 디지털 타임머신을 돌려서 지금 이곳에 이야기를 펼치는 것이 적당할 것 같다.

내가 일진그룹에서 대표이사를 하고 있을 때였다.

대법원 법원행정처의 법정국 법정과장인 노영보 판사가 나를 찾아왔 다.

부동산등기관리 업무를 전산화하려고 하는데 자문을 받고자한다는 것이었다.

자문을 위한 핵심요소는 3가지 정도였다.

프로젝트개발을 위한 절차와 관리방법에 대한 것,

3천5백만 필지에 이르는 원시 데이터를 성공적으로 컴퓨터에 입력하 여 데이터베이스를 구축하는 것,

예산을 확보하는 방안에 대한 것이었다.

프로젝트 개발관리에 대한 것은 이미 정부의 주민등록, 토지대장 등 의 개발경험으로 상당수준에 있는 기업들이 있으므로 적정한 기업을 선정하여 협력하면 될 것이라 하였다.

데이터베이스 구축은 필요한 기간 내에 정확하게 입력하는 것이므로,

적정예산과 인력을 투입하여 대략 1년 내에 완료하도록 하고, 정확성을 위하여 1건의 원장을 2인이 각각 컴퓨터에 입력을 하고, 그것을 컴퓨터에 의하여 비교하는 방식을 권유하였다.

그리고 소요예산 추정하는 것을 도와주었고, 약 3년 동안에 3천억 정도의 예산이 소요되는 것으로 추정되었다.

예산은 정부의 재정에서 예산을 배정받으면 필요한 시기에 필요한 규모의 자금을 지원받을 수 없고, 시기와 규모가 적절하지 않으면 실패를 반복할 수 있으므로, 필요한 개발비를 단기간에 투입할 수 있는 방안을 강구해야한다는 것을 조언하여주었다.

예산은 기획원을 통하여 국고에서 확보할 예정이라는 말을 듣고 국가재정 수입과 운영의 특성상 그 방법으로는 프로젝트를 성공적으로 수행할 수 있는 규모의 자금을 필요한 기간에 지속적으로 보장받을 수 없다는 것을 조언했었다.

그리고 현행 등기수수료에 전산화를 위한 특별수수료를 한시적으로 징수하고, 전산화 후에는 현행보다 더 수수료를 인하하는 의견을 제시하였다. 이 조언이 한국등기업무 전산화가 성공적으로 추진되는데 결정적인 방안이 된 것이었다.

그 법정과장은 전문적 부문은 나의 의견을 토대로 하여 대법원의 법무전산화 장기계획에 의거 부동산등기관리 프로젝트계획을 수립하여 내부결재를 득하고 프로젝트 추진을 시작했다.

그리고 자문위원회의 일원으로 나를 추천하였고, 자문위원회 내에 전문소위원회를 만들고 나에게 위원장을 위촉하였다.

사법관련 분야의 인사들과 정보산업분야 전문인들이 자문위원회에 참여를 하였고, 젊은 판사들과 전산분야 전문인들로 소위원회가 구성이 되었다.

그때 대법원의 이 프로젝트 총책임자는 판사인 김황식 법정국장이었고, 실무책임자는 역시 판사인 노영보 법정과장이었다.

그리고 법률적 전문지식을 지원하기위하여 황찬현 부장판사와 김용대 판사. 백 판사 등이 참여하였다.

그 후 이분들 중에서 김황식 판사는 총리를 하였고, 황찬현 판사는 감사원장을 하였다.

이 위원회는 정부기관이 어떤 프로젝트를 추진할 때 전문성과 객관화를 확보하기위하여 시행되는 일반적인 방법이라고 할 수 있었다.

이러한 과정에 나는 일진그룹을 퇴사하고 쌍방울그룹의 계열사 사장으로 부임해 일을 하고 있을 때였다.

프로젝트는 3단계로 추진이 되는 계획이었다.

1차는 타당성 조사와 마스터플랜 작성이었다.

2차는 프로젝트개발과 시스템구축이었다.

3차는 시스템운영이었다.

프로젝트 추진의 효율성을 높이기 위하여 1차에 지명된 회사가 특별한 하자 없이 성공적으로 수행을 하면, 2차는 수의계약으로 할 수 있도록 프로젝트 추진방안이 정해져있었다. 따라서 시스템개발의 특성상 3차는 자연히 2차 시스템개발을 한 회사와 수의계약을 할 수밖에 없는 것이었다.

그 이유는 소프트웨어는 비가시적 지식분야를 대상으로 하고, 비가시적 기술이기 때문에 마스터플랜을 통하여 등기업무의 지식을 숙지한 회사가 계속해서 2차를 진행하는 것이 대법원과 기업체 양쪽에 효과적이며 프로젝트 전체의 생산성과 품질을 제고할 수 있다는 전문위원들의 자문에 의한 것이었다.

프로젝트 계획이 발표되고 몇 개의 업체가 참여의사를 제시하고 제안서를 내었으며, 전문위원회를 중심으로 심사를 거쳐서 2개사를 최종 대상으로 선정하여 추천을 하였다.

협상 후보로 선정된 2개 회사는 삼성의 SDS와 선경정보통신이었다.

심사위원들은 그 중에 선경에 대하여 더 호의적인 편이었다.

최종적으로 의견을 제시해서 결제를 올려야하는 법정과장이 심사위원장인 나의 개인적 자문을 요청하였다.

나는 기술적인 면에서는 2개 회사가 이 프로젝트를 수행할 기준능력 이상을 가지고 있다고 볼 수 있어서 선정을 한 것이므로 어디로 하든 문제가 없다고 하였다. 그 다음은 대법에서 행정적 관점에서 검토하여 선정하면 된다고 의견을 말해주었다.

전문위원장인 내가 최종적인 선정을 한다면 어디로 하겠는가 하고 다시 자문을 요청하였었다.

나는 3년간 총 3천억 원의 개발비가 투자되는 이런 대형프로젝트를 추진하는데는 기술 외에 관리능력이 중요한 다른 요소가 될 수 있다고 하였다.

또 이러한 규모의 프로젝트는 진행하다가 기획시점에서 예상하지 못한 문제점들이 발생할 수 있고, 이 문제를 해결하기위해서는 계획된 예산 외에 재무운영의 유연성이 필요할 때가 있으며, 정부기관은 예산 회계규정 등으로 경직되어 있으므로 기업체의 협력이 필요할 때가 있을 것이라고 조언을 하였다..

2개 회사는 심사대상의 중요한 요소인 기술과 가격의 조건은 충족시킨 회사이니, 관리역량과 재무운영의 유연성 문제를 고려하는 것이 필요할 것이라고 조언 하였다.

회의가 끝나고 나는 회사로 복귀하는 길에 후배들이 생각나서 광화문 4거리에 있던 SDS 사무실을 퇴사 후 처음으로 방문을 하였다.

사실 나는 SDS를 퇴사한 후에는 방문을 의도적으로 자제하고 있었다. 이유는 쓸데없이 후배들에게 부담을 주거나 오해를 불러오지 않도록 하기 위한 것이었다.

그래도 오늘은 좋은 소식을 전해주기 위하여 덕수궁 옆에 있었던 대법원 사무실을 나와서 광화문 4거리에 있는 SDS를 잠시 들려서 마포에 있는 나의 사무실로 가려고 했었다.

그 프로젝트를 담당하고 있던 이사는 삼성전자 컴퓨터사업부에서 같이 근무를 하였으며, SDS설립 당시에 설립기획팀에 2차로 과장의 직책으로 합류하여 많은 기여를 했던 후배인 박양규 이사였다.

나는 프로젝트 선정과정과 그 프로젝트의 추진절차, 그리고 후보로 선정된 2개 회사 중에 SDS가 포함되었고, 여러 정황으로 볼 때 SDS가 가능성이 매우 높다는 것을 알려주었다.

프로젝트 총 예산은 얼마이고 1차에 선정된 회사가 2차 프로젝트는 수의계약을 할 수 있다는 내용을 설명해주고, 규모가 크고 좋은 프로젝트이니 선정이 되면 실수 없이 열심히 할 것을 당부하였다.

그러고 가려고 하는데 다른 이사 중에 한 사람이 프로젝트 담당 본부장인 전무와 인사를 나누라고 권하였다.

후배들을 보려고 온 것이므로 권유를 거절하는 것도 실례가 될 것 같아 별로 마음이 내키지 않았지만 다른 층에 있는 본부장실로 갔다.

그러고 그 본부장과 사무실 입구에서 간단히 인사를 하였다.

상당히 불친절하고 불쾌한 표정이었으며, 그 이유는 당시에는 이해를 할 수가 없었다.

그 후에 알게 된 사실이지만 그 본부장은 IBM Korea에서 근무를 한 경력이 있고, 그 연고로 하여 SDS에 부임을 하였으며, 그 본부장이 법정과장과 고등학교 동기라는 것을 후에 알게 되었고, 그때서야 이해가 되지 않았던 태도를 다소 짐작할 수가 있었다.

나는 SDS를 퇴사한 후에 후배들에게 부담을 주지 않기 위하여 한 번도 회사로 방문을 한 적이 없었다.

후배들이 연락이 오면 밖에서 만나서 차를 한잔하거나, 가볍게 식사를 하는 정도였었다.

좋은 일이 있고, 후배들 생각이 나고, 소식을 빨리 전해주고 싶은 마음에 잠시 방문을 하였는데 프로젝트 담당부서의 본부장이 무슨 이유인지는 모르지만 불편해하고, 불친절하여서 그 후에는 다시 방문을 하지 않았다.

6개월의 1차 프로젝트가 진행되는 동안 소위원회가 2~3차 열렸었고,

SDS가 프로젝트를 수행하는 것에 대하여 조금씩 그리고 조심스럽게 부정적 말들이 나오고 있었지만, 나는 크게 신경 쓰지 않았다.

SDS가 잘 수습을 할 것이라는 믿음도 있었고, 본부장이 프로젝트 담당과장과 동창이라는 자부심도 있어서 섣불리 관여하기도 조심스러웠기 때문에 객관적 입장으로 관망하고 있었다.

계약기간이 1개월쯤 남아있을 때였다.

법정과장이 또 자문을 요청하였다.

SDS가 프로젝트를 수행하는 역량이 기대에 미치지를 못한다는 것이었다.

그런데 나의 입장에서는 국내에 최고의 인재와 조직을 자랑하는 SDS가 프로젝트추진을 하고 있고, 아직 1개월의 공기가 남아있고, 결과물이 납품되지 않은 상태에서 왜 이런 말을 하는 것인지 이해가 되지 않았다.

SDS의 인력과 조직력 면에서도 이해가 잘 안되었고, 더욱이나 SDS의 담당 본부장이 법정과장과 절친한 사이라고 하는데 왜 이런 불만이 나올까 하는 의문이 있었지만 그 이유를 가늠하기가 어려웠다.

그리고 나는 이 프로젝트에 임하는 나의 보편적 기준이 있었다.

내가 정부의 일에 대한 자문을 하거나 조언을 할 때에는 어떤 프로젝트이건 항상 국가의 이익을 우선하고, 그 이익이 충족되는 범위에서 같은 조건이면 내가 소속된 회사에, 그리고 나를 위해서 협조해 줄 것을 요청하였었다.

이 프로젝트에 대하여서도 나는 마찬 가지였다.

특히 내가 경영을 책임지고 있는 일진전자는 하드웨어사업을 하고 있기도 하였지만 소프트웨어 비중이 높은 이 사업에 처음부터 참여한다는 것은 합당하지도 않았고, 전문위원회위원장의 소임 때문에 일체 일진전자와 연결하여서 어떠한 구상도 하지를 않았다.

내가 SDS와 깊은 인과관계를 가지고 있다는 것은 소위원회 위원과 거기에 참여하는 법관들은 다 알고 있었다.

일단 나는 객관적이고 원칙적인 자세로 이 프로젝트 소위원회의 위원장으로써 평형을 유지하도록 노력하였고, SDS와 관계하여서도 SDS가 실제로 가지고 있고, 내가 아는 범위 내에서 장점에 대한 이야기를 해주고, 이 점을 잘 활용하고 협조하면 프로젝트에 도움이 될 것이라는 조언을 하였다.

그렇기 때문에 법정과장은 물론이고 그 프로젝트에 참여했던 전문위원들과 판사들이 나를 존중해주었다고 생각한다.

이런 상황에서 그 과장은 우려 섞인 말로 나의 의견을 물어왔었다.

그렇지만 나는 우려되는 바가 있으면 사전에 SDS에 주의를 주면 문제를 해결할 수 있는 충분한 능력을 가지고 있는 회사이니 대책을 강구할 것이라고 조언하였었다.

그런데 내가 삼성의 조직과 문화를 아는 입장에서 볼 때는 의문이 몇 가지 있었다.

어떻게 삼성이 국내 최초의 이 초대형 프로젝트를 추진하면서 발주자에게서 이런 말이 나오도록 관리를 하고 있는 것인가?

삼성에 가장 많은 애정이 있을 수밖에 없는 내가 이 프로젝트의 중요한 자문역을 맡고 있는 것을 알면서, 프로젝트의 정보관리차원에서 담당 본부장을 비롯하여 책임자들이 나에게 프로젝트에 대한 질문을 한 번도 하지 않는 것일까?

이 두 가지는 삼성의 책임자라면, 특히 임원이면 항상 의식하고 관리해야하는 중요한 책무 중에 하나이다.

결과물이 납품되었고, 비판적 평가가 나왔다.

소 위원장인 내가 뭐라 할 말이 없었다.

그리고 담당과장의 SDS에 대한 생각도 알고 있는 입장이었다.

그런데 이 평가의 결과가 나오는 데에는 기간이 약 1개월 정도 소요되었는데도, 나에게 알아보려고 전화를 하는 임원도 없었다.

평가에 참여하는 한 사람의 위원으로써 사회적 도리상 담당기관에서 최종결정을 하여 발표를 하기 전에는 발설해서도 안 되는 입장이었다.

그런 것을 떠나더라도 지난번 방문했을 때, 본부장이라는 분의 태도로 보아 내가 먼저 전화라도 하면 무엇을 기대하고 하는 것으로 충분히 오해를 할 것 같았다.

후배를 위하여 전화를 해주어도 그 내용은 본부장에게 보고가 될 것이고, 그 본부장이 어떤 결론을 내리고 어떻게 행동을 할지 짐작이 갈 것 같았다.

그분은 왜 나에게 이런 의구심을 갖게 했었을까?

끝까지 최종결론이 나서 발표가 날 때까지 그냥 기다렸고, 결국 2차 프로젝트는 다시 경쟁을 하는 것으로 결정이 났다.

제안을 다시 받고, 심사를 하고 하는 절차를 다시 밟아야하는 것이다.

삼성SDS가 프로젝트관리를 전문적 영업적 차원에서 모두 실패를 하고, 수의계약으로 할 수 있는 3천억 규모의 프로젝트를 불리한 입장에서 다시 입찰하게 만들었으니 결과적으로 큰 실패를 한 것이다.

특히 2차 평가에서는 1차 프로젝트 수행평가 때문에 SDS가 좋은 이미지를 주는 것보다 정반대로 스스로 불리한 여건을 만들어버린 결과가 되고 말았다.

내가 일진그룹을 떠나 쌍방울그룹의 대표이사로 있을 때였다.

그리고 대법원행정처에서는 2차 프로젝트 발주를 위한 행정적 절차가 다시 진행되고 있을 때였다.

학교 후배이며 숭실대학교에 재직을 하고 있었던 오해석 교수가 소개를 하여 몇 번 만난 적이 있었던 "금성EDS C&S (지금의 LGC&S)의 이영호 이사에게서 전화가 왔다.

회사로 방문하여 상의 드리고 싶은 이야기가 있으니 꼭 시간을 내어 달라는 것이었다.

무슨 일이냐고 물었더니 방문을 하여 말씀을 드리겠다고 하는 것이었다.

특별히 생각나는 일은 없었고, 하여튼 만나기로 하고 약속을 하였다.

약속시간에 세 사람이 함께 방문을 하였다.

그 회사의 박 사장인데, 전에 호남정유의 전산실장을 하였었던 분으로 평소에 안면이 많이 있어서 잘 알고 있었던 분이었고, 한 분은 초면인데 공공부문 본부장을 하는 김 전무라는 분이었으며, 전화를 한 이영호 이사와 함께 세 사람이 방문을 하였었다.

그 회사의 박 사장이 방문요건을 말하였다.

이번에 대법원의 부동산등기관리 프로젝트 개발을 위한 2차 제안에 '금성EDS C&S'가 참여하고자하니 도와달라고 하는 것이었다.

그래서 나는 잘 알다시피 삼성SDS가 1차 마스터플랜 프로젝트를 하였고, 나는 그 SDS 설립을 주도했던 사람인데 그런 부탁을 어떻게 나한테 할 수가 있으며, 그것이 가능하다고 생각을 하느냐고 반문을 하였다.

그 박 사장은 자기 회사를 지원하여달라는 것이 아니라 중립을 지켜달라고 하는 것이었다.

그래서 나는 1차에도 어떤 편파적인 행위를 한 적도 없지만, 2차에도 공정하게 나의 공적인 책임을 다할 것이라고 말해주었었다.

위원장께서 그렇게만 해주시면 나머지는 자신들이 최선을 다할 것이며, 중립을 지켜주는 것이 자기들을 도와주는 것이라는 말까지하였다.

그리고 그분들은 돌아갔다.

대세의 흐름이 이상하게 흘러가는 느낌이 왔다.

오랫동안 영업을 했으며 경영을 하고 있는 직감으로 SDS에 무엇인가 극히 부정적인 흐름이 진행되고 있다는 예감이 왔다.

SDS는 1차를 했던 노하우와 정보를 가지고 있고, 본부장과 법정과장의 관계를 믿고 안심하고 있는 것 같았다.

법정과장의 기대와 실망, 경쟁사의 움직임, 소위원회위원들의 부정적 시각 등 이런 흐름이 있음을 SDS가 전혀 알지를 못하고 있었으며, 따라서 그에 대한 어떤 반응을 하는 것이 어디에서도 감지가 되지 않았다.

어떻게 보면 그 프로젝트의 정보의 중앙에 있고, 평가의 한 축을 담당하고 있으며, SDS와 불가분의 관계에 있는 나에게 한 번의 전화도 없다는 것은 SDS가 이 프로젝트를 어떤 차원에서 관리를 하고 있는지 의문을 금할 수가 없었다.

이런저런 우여곡절이 있었지만 발주공고, 제안, 심사, 평가, 업체선정 등의 단계가 긴 시간을 걸쳐서 진행이 되었다.

결과는 1차 제안 때는 참가도 하지 않았던 금성 EDS C&S가 본 프로젝트인 2차 프로젝트 개발자로 선정되고 계약을 하게 되었었다.

그 회사는 그룹 외의 프로젝트로는 처음이면서 국내에서 최초이며 최대인 프로젝트를 수주하였고, 개발 후에는 3차로 거의 영구히 운영위탁계약을 할 수 있는 프로젝트를 수주하게된 것이었다.

그 후 금성 EDS C&S의 후신인 LG C&S가 20년이 지난 지금도 그 시스템 위탁 운영을 계속하고 있다.

그때서야 오랜 후배인 SDS의 서태상 상무가 나를 찾아와 어떻게 된 것이냐고 물어보는 것이었다.

그래서 프로젝트 담당 이사는 박양규 이사이고 담당 본부장은 따로 있는데, 왜 서 상무가 왔느냐고 물었다.

자기와 내가 KICO에서부터 선, 후배 관계라는 것을 알고 있고, 비서실에서 강한 추궁이 있어서 남궁석 사장이 보냈다는 것이었다.

나는 참으로 이해가 안 되는 일이었다. 그래서 서 상무에게 정부기관에서 진행을 한 일이고 나는 전문적인 분야에 자문을 하였을 뿐이니 할 말이 없다고 하였다.

그리고 서 상무는 이 일에 관여하지 않는 것이 바람직하다고 조언을 하여주었다. 전개되는 상황으로 보아, 무언가 이 프로젝트의 추진과정에서 노출되지 않는 애로사항이 있는 것으로 예측이 되었다.

그래서 내가 서 상무에게 과정을 설명해주면 서 상무가 계속 이 일로 번거롭게 될 것 같았다.

그래서 궁금한 것이 있으면 담당 최 전무를 통하여 직접 대법원에 알아보거나, 사장이 직접 전화를 하라고 말해주고 서 상무를 돌려보냈다.

서 상무와 박양규 이사에게는 참으로 미안하지만 내가 좌우할 수도 없었던 프로젝트였으므로, 그 후배들이 이 프로젝트의 결과에 대한 책임 추궁을 당하는 것도 원하지 않았다.

무슨 이유인지는 모르지만 그리고 얼마 지나서 잘 알고 지냈던 다른 후배 상무가 이번에는 집으로 나를 찾아와서 그 회사를 봐주고 한 2억 쯤 받았겠다고 농담처럼 말하기도 하였다.

나를 의도적으로 짚어보는 느낌도 있고 화도 났지만, 꾹 참고 어이가 없다는 듯 그냥 쓴 웃음만 웃고 대꾸를 하지 않았다.

무엇을 나에게서 확인하려는 듯한 느낌이 들기도 하였지만, 이성계와 무학대사의 "부처님의 마음과 돼지의 마음"의 고사를 생각하며 지나쳐 버리고 말았다.

아마도 SDS의 관계 임원들은 그들의 책임을 모두 나를 앞세워 변명을 하였을 것으로 예측을 하고 있다.

이런 때에는 책임을 면하기 위한 희생양과 스토리가 필요했을 것이다. 특히 사장과 그 본부장의 입장은 그럴 수밖에 없었을 것이다.

나와 '금성 EDS C&S'와의 모종의 거래라는 가상은 책임회피를 위한 그럴듯한 좋은 스토리가 될 수 있었을 것이다.

그리고 한 달쯤 지나서 이영호 이사가 이름이 기억나지 않는 양주 한 병을 선물로 들고 와서 공정하게 심사위원회를 운영해주어서 감사하다고 인사를 하였다.

아마도 이때는 모든 계약 행정절차가 완료된 뒤였을 것이다.

그리고 1년 반쯤이 좀 넘었을 때다.

나는 쌍방울그룹 사장직을 끝으로 월급 받는 직장생활은 그만 두고 조그만 소프트웨어회사를 창업하였다. 그리고 얼마 안 되었을 때이다.

내가 일찍이 55세가 되면 창업을 하고 나의 경영철학을 실행할 것이라고 생각하고 있었던 것을 실천에 옮기기 위한 것이었다.

회사를 설립하고 얼마 되지 않아서 전혀 뜻하지 않았던 사람들이 찾아 왔다.

'금성EDS C&S'의 김 전무와 이영호 이사가 갑자기 찾아왔다.

그리고 2년 전 부동산등기업무 2차 프로젝트 제안서 심사평가 때에 우리의 요청에 아무런 조건도 없이 공정하게 평가하겠다고 해주셔서, 불리한 입장에 있었던 자신들은 용기를 가지고 제안에 참여를 할 수 있었고, 경쟁에서 이겨서 최초의 대외 프로젝트를 수주할 수 있었으며, 그것이 향후 '금성EDS C&S'의 미래에 큰 초석이 될 것이라고 말을 하면서, 그때 심사위원회의 공정한 운영에 대하여 재삼 감사드린다고 하였다.

그리고 이제 부동산등기업무 데이터베이스 구축준비가 다 끝나고 원시 데이터 입력 작업을 시작하려고 하는데 그 하청업무를 할 의사가 없느냐고 하였다.

이제 개업을 하여 아직 수주가 변변치 못 할 때에 이런 제의가 나에게는 사막에서 물을 주는 것 같이 너무 반가운 제의였다.

그러나 내가 그것을 수주하기위해서는 수 십대의 개인용 컴퓨터와 주변기기 및 사무집기가 있어야 하고, 상당한 넓이의 사무실이 마련되어야하며, 또 그에 따른 운영비도 있어야만 되겠다는 계산이 머리를 스쳤다.

20억~ 30억 정도의 투자자금이 있어야만 될 것 같았다.

동료 2명과 함께 겨우 자본금 1억 2천만원을 준비하여 이 사무실 보증금과 사무집기를 준비하고 나니 남은 돈이 바닥이 난 나는 선뜻 받아들일 수가 없었다.

그래서 사정을 이야기 하고, 감사하지만 내가 감당할 능력이 되지 못해서 사양을 할 수 밖에 없으니 양해를 하라고하였다.

그런데 이런 제안을 하는 것이다.

사무실, 장비 등 투자는 모두 자기들이 하고, 우리 회사에서는 인력을 충원하여 교육시키고 기술적 문제와 관리를 담당해줄 수 없겠느냐는 것이다.

용역의 대가는 매달 현금으로 결제를 하겠다는 것이다.

당연히 나는 감사하다는 말과 함께 수락을 하였고 약속한대로 준비를 하겠다고 하였다.

그런데 더 반갑고 놀라운 이야기를 하는 것이었다. 이미 강남역 근처에 사무실을 준비하고 기기와 작업을 위한 기물들을 다 준비하였으니 내일 그 사무실에 와서 준비상황을 확인하고 더 필요한 것을 말해달라는 것이었다.

이 프로젝트의 참여는 창업초기에 내게 많은 도움이 되었었다.

그때 그 분들의 그 진실된 마음에 대한 경의를 지금도 내 마음에 담고 있다.

나는 대법원의 이 프로젝트에 참여하면서 여러 사람들을 만났다.

'금성EDS C&S'의 사장, 전무, 이사와 같은 고마운 분들과 함께 할 수 있었던 것은 행복한 일이었다.

그리고 그때 대법원 법정국장이었던 김 판사는 행정처장으로 승진을 하여 대법관과 감사원장을 지내고 총리의 자리에 이르렀다.

법정과장이었던 노 판사는 법정국장과 부장판사를 거쳐 지금은 일급 법무법인의 유명 변호사로 일을 하고 있다,

그 당시 법무업무의 전산화를 위하여 특별차출 되었던 황 판사, 김 판사, 백 판사 같은 분들 중에서, 황 판사는 고등법원 부장판사를 거쳐 지금 감사원장을 하고 있고, 김 판사는 고등법원 부장판사를 했는데 지금은 어떤 직에서 일을 하고 있는지 모르겠으며, 백 판사는 그 때 이 후에 행적에 대하여 알지 못하고 있다.

내가 이들 판사에 대하여 이렇게 나열을 하는 이유는 그 분들이 한결 같이 좋은 인품과 역량을 가지고 열정적으로 비 전문분야의 일에

소임을 다하고자하던 모습들이 너무나 인상적이어서 오래 내 기억에 남아 있을 뿐만 아니라, 대한민국의 미래를 가늠할 수 있을 것 같았다.

그리고 잠시나마 그런 인재들과 함께할 수 있었던 것이 나에게는 너무나 오래 간직하고 싶은 시간이었기 때문이다.

그때 이 인재들의 뜻과 열정으로 완성된 등기전산시스템은 성공을 하여 30여 년 동안 국가의 부와 국민들의 재산을 효율적으로 관리하고 국민의 경제활동을 원활이 지원하는데 크게 기여를 하였으며, 잠시 특별수수료를 징수하기는 하였지만, 국민들의 경제활동의 생산성을 높이고 편익을 제공한 것에 비하면 무시해도 될 정도일 뿐만 아니라 지금은 수수료도 전산화 전에 징수하던 것의 반도 안 되고 있다.

또 우리가 주시할만한 사실은 그 당시 정부기관과 민간기업이 정보산업이라는 측면에서 직접 계약을 하고 그 계약이 현재까지도 지속되고 있는 것이다.

아직도 국가 정보라는 차원에서 지나치게 폐쇄적으로 정책과 행정을 운영하고 있는 국가기관들은 이 사례를 주시하여 검토해볼 필요가 있다.

내가 이런 이야기를 여기에 구태여 쓰는 이유 중에 또 하나는 이 과정을 통하여 물질적인 것보다 더 높은 차원의 지혜와 깨달음을 얻은 것이 너무 많았기 때문이다.

나는 일생을 살면서 조금만 타협을 하였으면 거금의 재산을 축적할 수 있는 기회를 몇 번 가진 적이 있다.

그렇지만 한 번도 그러한 타협을 해본 적이 없다.

물질적으로 많은 것을 잃었다고 말하는 사람들도 있고, 심지어 바보스럽게 살았다고 말하는 사람도 있지만 나는 절대로 그렇게 생각하지 않는다.

오히려 내 스스로의 양심으로부터 자유로운 삶을 살 수 있었고, 어떠한 정신적 구애도 없는 편안하고 행복한 생활을 누리고 있다.

그러한 나의 생각과 생활이 주위의 사람들로부터 믿음과 사랑으로 이어져서 나의 삶을 보람되게 할 수 있는 더 많은 기회가 주어지고 더 많은 성원을 받을 수 있었을 뿐만 아니라, 지금도 주위의 많은 분들의 협조로 나의 이상을 실천하며 살아갈 수 있는 힘이 되었던 것이다.

Digital 여행기

경영권 소고

내가 근무를 하던 때, 서소문에 있는 삼성본관 로비에는 삼성의 역사와 문화를 대표하는 2가지의 상징적 조각물이 있었다.

하나는 그 당시로부터 약 30년 전, 그러니까 지금으로부터 약 80년 전에 이병철 회장이 처음 창업했었던 대구 "삼성상회"의 사진을 가로 세로 약 1m 정도 크기의 동판에 주물을 한 조각이다.

그 동판에는 허름한 옛 일본식 2층 건물과 상회간판, 그리고 앞에는 쌀가마니를 싣고 사람이 끌고 가는 육중한 손수레가 조각되어있었다.

이 동판은 삼성본관 정문을 들어서면 로비의 오른쪽 끝의 받침대 위에 놓여있었다.

삼성의 역사가 시작된 상징물이라고 할 수 있었다.

다른 하나는 그 동판이 놓여있는 맞은편에 건물의 벽을 덮고 있는 초콜릿색의 스페인 대리석 위에 새겨진 십장생 조각물이다.

그 크기는 가로 새로가 각각 10m 전후의 크기였을 것이다.

이 대리석에 새겨진 그림은 그 본관 건물 25층에 자리한 회장의 집무실 책상 뒤편 벽에 걸려있는 원래의 작품을 대리석 위에 옮겨 조각한 것이다.

초콜릿색의 대리석 위에 흰 선으로 조각되어 있었다..

이 원래작품은 회장실 뒤 벽면 전체를 차지하고 있으며, 자수로 수를 놓은 작품으로 기억을 하고 있다.

그림 속에는 초원으로 전개된 들판에 몇 마리의 사슴이 놀고 있고, 흰 구름이 가볍게 떠있는 하늘에는 십 수 마리의 학이 한 쪽에서 다른 쪽으로 날아가는 것으로 기억되는 그림을 담고 있었다.

이 대리석은 스페인에서 채석이 되고 이태리에서 가공이 된 후, 한국으로 와서 서소문에 있는 중앙일보 건물의 외벽에 붙인 초콜릿색의 대리석과 같은 것이었다.

이병철 회장은 생전에 이 초콜릿색을 좋아하셨으며, 그래서 초콜릿색 상의를 즐겨 입으셨다.

그 대리석을 기존의 본관 건물에 부착을 하고 그 위에 조각을 한 것이다.

이 조각물의 내용이 상징하는 것은 삼성의 정신문화를 대표하는 것 중에 하나라고 할 수 있을 것이다.

내가 이 삼성본관에서 근무를 할 때는 삼성상회 창업 후 30여년이 되었고, 또 그 이후에 40여년이 지나며 삼성의 100년의 역사가 만들어져가고 있었다.

대한민국 건국 초기에 창업되어서 현존하고 있는 기업 대부분이 창업자로부터 3대째 경영권이 승계되는 과정을 겪고 있다.

이러한 흐름 속에서 삼성그룹 역시 3대째 경영권 승계가 진행되고 있다.

2대째는 이건희 회장이 경영권을 승계하면서, 삼성물산 삼성전자로 대표되는 삼성그룹 모체를 비롯하여, 한솔, 신세계, CJ 등으로 분화를 하며 창업자의 자녀들이 각각 경영권을 승계하여 경영을 하고 있다.

이건희 회장이 경영을 하고 있던 삼성그룹의 모체는 3대 손자에게로 경영권 승계의 과정이 진행되고 있다.

그 승계를 위하여 벤처에 투자를 하고, 삼성물산에 매각을 하고, 에스원에 투자를 하고, SDS의 채권을 매입하고, 에버랜드를 들리는 과정에서 사정기관과 세무기관의 주시를 받고, 이러한 과정에서 그 당시 SDS의 사장직에 있던 후배가 국회 등에 호출되어가서 질의에 답을 하고, 관련기관에 출두하여 답변을 하느라 정신적으로 몹시 힘들어하며 찾아온 적이 있었다.

이러는 과정에 관련기업들은 경영상의 타격과 상처를 입을 수밖에 없는 것이다.

삼성그룹을 일으킨 제일의 공로자는 이병철 회장이시다.

그것은 아무도 부정할 수 없는 사실이다.

그렇지만 삼성그룹이 계속 발전하면서 오늘의 결과를 만들기까지는 이병철 회장 외의 몇 십만 명의 사람들이 삼성을 거쳐 가면서 인생과 젊음과 열정과 피와 땀을 투자해서 이루어졌다는 사실도 빼놓을 수 없는 사실인 것이다.

더 넓게는 대한민국 모든 국민들이 삼성 임직원으로써, 투자자로써, 소비자로써 그리고 후원자로써 그 일익을 하였기 때문에 오늘에 이르게 된 것이다.

서소문 삼성 로비에 있는 삼성상회의 동판처럼 처음에는 이병철 회장의 개인소유의 상회로 출발을 하였지만, 지금은 그 맞은편에 있는 십장생 그림이 뜻하는 것처럼 이병철 회장의 높은 뜻과 함께 많은 사람들의 소망이 담겨있는 국가의 기업, 국민의 기업으로 성장하게 된 것이다.

그리고 지금은 숫자도 정확히 알 수 없는 국내외 주주들의 대소의 투자로 자본의 공공성이 형성되어있는 대한민국 국민의 기업인 것이다.

이병철 회장의 후손들이 그 창업자의 상속자로써 그의 재산과 그 재산 중 일부인 삼성의 주식을 상속받는 것에 대하여 누구도 뭐라 할 수가 없으며, 해서도 안 된다.

그러나 경영권을 확보하기 위하여 무리한 승계절차를 진행하는 것은 깊이 성찰해볼 부분이 많이 있는 것이다.

이병철 회장의 후손들이 경영권 확보를 위하여 그간 진행해오는 과정에서 법적, 세무적 문제 등으로 세무당국과 사법기관으로부터 조사를 받은 것이 한 두 번이 아닐 뿐만 아니라, 그로 인하여 국민들의 많은 우려를 불러일으켰었다.

때에 따라서는 관계 회사의 전문 경영인들이 법정에 서고 형을 받은 적도 있었다.

세무당국에서, 법정에서, 국회에서 계속된 법적 쟁의가 끝나지를 않고 있으며, 심지어 형제간에도 상속문제로 법정다툼을 계속하여왔다.

이제 3대까지 와서는 재산에 대한 합법적 상속은 누가 무어라 할 수 없으며 해서도 안 되지만, 경영권 승계에 대한 것은 깊이 성찰을 할 필요가 있다.

제1 주주로써 소유지분의 범위에서 주주에게 주어지는 경영권참여를 누가 뭐라 할 수 있겠는가?

그러나 제1주주의 유리한 입지를 이용하여 그 이상의 기업의 경영권 나아가서는 지배권까지 무리를 하면서 확보를 하려하면 결과적으로 기업에 손실과 부정적 충격을 주게 되어 기업과 국가와 국민에게 막대한 손실을 초래하게 된다.

즉, 과도하고 이기적인 행위는 그 기업과 국가에 막대한 손실을 주면서, 그 기업을 이루기 위하여 땀을 흘렸던 많은 사람들을 실망시키게 되고, 그 기업을 사랑하는 사람들을 떠나가게 만들 것이다.

지금의 삼성은 100년 전의 삼성상회나, 40년 전의 삼성그룹과는 전혀 다른 다양한 사업의 영역과 규모, 국내외 시장과 투자들과의 관계, 경영의 복잡성을 가지고 있는 것이다.

지금 그 그룹의 경영권과 지배권을 위하여 노심초사하는 손자 되시는 분이 부모가 물려준 주주로써의 유리한 입장을 배제하고 객관적으로 평가를 한다면 그 경영능력을 어떻게 평가해야 될 것인가?

삼성그룹은 이제 어느 개인의 절대적 지분이 있는 개인의 재산이 아니고, 국가와 국민 그리고 사회의 공동재산이고 공익 기관인 것이다.

삼성의 이병철 회장님의 후손들과 가족들은 이제 차원 높은 경영철학으로 자신들의 주주로써의 역할을 이해하고 그에 합당한 경영참여를 할 수 있는 지혜를 행할 수 있어야 할 것이다.

삼성그룹 이외에도 세계적 기업으로 성장한 기업들은 이제는 재산상의 상속 외에 기업의 지배권과 경영권에 대하여는 소유와 경영을 분리할 줄 아는 수준 높은 기업인이 되어야할 것이다.

이제는 많은 사람들이 기업의 소유와 지배, 경영권에 대하여 많은 지식과 판단력을 가지고 있다.

고도의 경영 지식과 훈련을 받은 인재들이 삼성그룹 내외에 많이 양성이 되어있다.

자신이 직접하기위하여 무리한 경영권 승계과정을 통해서 기업에 부정적 충격을 주는 좁은 생각을 벗어나 세계의 삼성을 만들어가는 차원 높은 경영자로써의 가치관을 가지고 인재를 발굴하고, 그 인재를 잘 활용할 수 있는 기업 활동을 함으로써 존경받는 기업인이 되기를 바란다.

Digital 여행기
나에게 SDS의 의미

1984년에서 1987년은 내가 43살에서 46살 사이의 나이었다.

누구나 이 나이에는 배움을 통해 축적한 지식, 아직 활발한 젊음의 열정, 어느 정도의 삶의 경험을 통하여 쌓은 지혜가 서로 잘 어우러져서 원숙한 때를 맞이하게 되는 때이며, 인생에서 가장 황금기가 아닐까 하는 생각을 한다.

그러니 그때의 나는 논어에서 말하는 불혹의 나이에서 지천명의 나이로 원숙해지는 과정이었다고 할 수 있을 것이다.

나는 이때에 15년 한길에서 쌓아온 경험과 지혜를 국가의 미래를 위하여 활용할 수 있는 기회를 부여받는 행운을 맞이하게 된다.

삼성그룹 내에 27번째로 그룹차원의 소프트웨어회사를 만드는 임무를 수임 받게 된 것이다.

나는 앞에서 말한 바와 같은 나에게 주어진 임무와 사명을 다하기 위하여 혼신의 힘을 쏟아 최선을 다하였다.

나의 수명을 감수하는 듯한 체력의 한계를 넘나들면서 4년간, 나의 전 생애의 5%이고, 내가 사회에 진출한 이후에 약 10%의 시간을 그 임무를 위하여 보냈다.

나는 나 개인을 위하여 조직과 사회로부터의 어떤 보상을 원해서 그렇게 한 것은 아니다.

이 임무 속에는 내가 생각하고 있는 나의 삶의 목적과 부합하는 가치가 포함되어있었기 때문이다.

이렇게 SDS의 탄생에는 내 인생 중 가장 활발한 시간이 투자되었고, 나의 열정을 쏟았고, 나의 희망과 삶의 가치가 녹아있는 내 인생의 한 부분이다.

또한 내 일생에서 지울 수 없는 보람이고, 가장 아름다운 추억들 중에 하나이다.

다른 사람들이 만들어 부여해준 환경 속에서 결실을 수확하며 누리던 생활에서, 내 스스로 씨를 뿌리고 가꾸어 많은 사람들에게 기회와 동기를 부여하고 물려줄 수 있는 기회가 주어진 것이다.

즉 빚을 지며 살던 적자의 삶에서, 빚을 놓을 수 있는 흑자의 삶이 그 임무를 통하여 만들어졌다고 생각할 수 있었다.

나는 삼성을 떠난 후에도 SDS의 미래를 위하여 기원하고, 나에게 어떤 기회가 주어지면 SDS와 후배들을 위하여 노력하였다.

SDS가 10년, 20년, 30년, 50년 후에 이루어야할 목적을 이루어나가기를 소망하였다.

그 SDS가 이루기를 바랐던 목적은 내가 이 세상에서 이루고자 하는 또 하나의 꿈이기도 하였기 때문이다.

30년간 SDS는 괄목할 발전을 하며 경영목표를 달성하기도하였지만, 더 먼 미래를 위하여 준비했어야할 정말 중요한 부분을 소홀히 하여 당초에 내가 그렸던 모습과는 많이 다른 모습을 하고, 다른 방향으로 멀리 가있는 것이 못내 아쉽다.

그룹 전산실통합 운영을 통하여 얻어지는 이익은 인재개발, 기술개발, 제품개발에 투자를 하여 세계적인 전문소프트웨어회사가 되는 것이 SDS의 핵심전략이고, 불패의 경쟁력을 확보하는 길이었다.

그런데 이 그룹 전산실통합 운영의 유리한 환경에서 얻어지는 이익이 이러한 미래를 위한 합리적이고 적극적인 투자로 연결되는 것보다는, 부동산 투자로 흘러가거나 정부프로젝트 등에서 가격경쟁을 하는 데 소모되었던 것이다.

그리고 경영지배권 확보를 위하여 이용당하고 상처 입는 모습을 보면서 안타까움을 금할 수가 없다.

그로 인하여 30여년 간 매출의 외형은 성장하고 재무적으로 부자회사는 되었지만, 세계를 보는 눈은 흐려졌고, 귀는 막혀버렸으며, 포식을 하고 잠에 떨어진 비만한 골리앗이 되어버린 것 같이 보인다.

화려한 옷을 입고 있기는 하지만, 운동이 부족하여 하체가 허약하고, 안일 속에서 사고력이 퇴화되어 외부의 작은 힘에도 쓰러져 일어날 수가 없는 게으른 뚱보가 되었다는 세간의 소실을 들으며 안타깝고 애석한 마음을 금할 수가 없다.

세간에서는 SDS가 공공사업부문을 축소내지는 폐지를 하고, 나아가서 정보산업이나 소프트웨어와 무관한 업종의 관계사에 통폐합된다는 소식이 들리기도 하고, 사업 분야별로 분리되어 관계사로 통폐합이 된다고도 한다.

이것은 삼성SDS 뿐만이 아니라 한국의 대형 SI 회사들의 공통된 입장이 되어있는 것 같다.

실제로 그렇게 진행되고 있다면 SDS의 임직원들이 그 임무를 다하지 못한 과오도 있겠지만, 만약에 진정으로 이러한 경영의사 결정을 한다면 그 의사결정에 관여한사람들의 무지함과 안일함도 지적하지 않을 수가 없다.

SDS의 관계자들이 나의 고언에 귀를 기울이고, 임직원들은 자만과 안일의 잠에서 깨어나, 다시 도전을 하고 의사결정권자들은 무지함의 우를 범하지 않기를 기원한다.

10조원 매출에 수만 명 회사가 조그마한 국가정책의 변화나 시장 상황에 휘청거리며 존폐의 위기를 불러오는 결과가 된 것이 너무나 슬프고 가슴 아프다.

그 보다 더 애석한 것은 지금의 기업역량으로 얼마든지 발전해갈 수 있는 세계의 시장이 있음에도 불구하고, 그 기회를 인식하지 못하고 무지한 경영의사를 결정하는 것은 한탄스럽기까지 하다.

지금이라도 늦지 않았다.

세계를 향해서 보라.

미래를 향해서 보라.

세계가 우리의 ICT와 e-정부의 성공을 선망하고 있다.

이 세계의 선망은 즉시 개발할 수 있는 방대한 시장이다.

70억 인구의 시장이 우리를 필요로 하고 기다리고 있다.

미래는 고도의 소프트웨어 기술의 시대로 간다.

미래의 산업은 융합기술, 융합제품이 주도하는 세계를 넘어,

인류공동 지능언어를 사용하며 정보화 세계 속에서
인류통합 및 인류일체의 시대로 갈 것이다.
이 시대를 주도하는 사고와 에너지는
소프트웨어 사고와 스마트 기술이다.

SDS!
그 조직, 그 인재, 그 재무적 역량으로 무엇을 못 하겠는가?

필요한 것은
세계를 보는 눈, 미래를 인식하는 감각, 도전의식이다.

SDS여!
깨어있으라!
영원하여라!

Digital 여행기

나와 삼성

나는 1969년 한국전력공사에 입사를 하여 4년 반 정도를 근무하였으며, 그곳에서 근무하는 것이 나의 적성이나 미래의 희망과 맞지 않아서, 1973년 3월부터 한국전력공사를 사직하고 정보산업 중에서 소프트웨어 분야 전문회사인 한국전산주식회사로 이직을 하여 새로운 사회생활을 시작하였다.

그 후 특별한 사정으로 다시 한국전력에 약 3개월 복귀를 하였다가 다시 3개월 동안 현대조선주식회사를 거쳐 1973년 9월부터 한국전산주식회사로 복귀를 한 후, 1983년 3월까지 이 회사에서 10년간 재직을 하였다.

이 회사는 삼성그룹의 관계사인 동방생명주식회사(지금의 "삼성생명주식회사), 대한교육보험주식회사(지금의 "주식회사 대교"), 일본의 제일생명보험주식회사가 각각 지분의 1/3을 출자하여 설립한 회사였다.

삼성의 동방생명보험주식회사의 이사이신 전상호 사장,

대한교육보험주식회사의 이사이신 김수호 전무이사,

일본의 제일생명보험주식회사의 이사이신 이시가미 이사가 출자회사를 대표하여 이 한국전산주식회사의 이사회를 구성하고 있었으며, 전상호 사장께서 대표이사의 직을 수행하고 있었다.

그러니 한국전산주식회사는 상법 및 재무적 표현으로는 삼성생명, 대한교육보험, 제일생명보험의 관계사는 아니고, 관련사라고 할 수 있었다.

나는 연령상으로 10년 이상 선배이며 상사이신 3분을 중간 간부 없이 직접 모시고 사회와 경영을 배우면서 1983년 3월까지 10년간 근무를 하였었다.

내가 31살에 이 회사로 이직을 하여 41살까지 사회인으로 성장하는 중요한 시기를 이곳에서 근무를 한 것이다.

나는 김수호 전무이사가 담당하고 있는 경리회계 분야를 제외한 기획과 영업, 개발과 운영 등의 회사 전반에 대한 관리를 책임지고 있었다.

이 부문은 주로 전상호 사장께서 직접 관리하시었기 때문에 주로 사장께 직접 보고를 하고 또 지시를 받는 시스템으로 되어있었다.

경리회계를 제외한 회사전반의 업무를 총괄하는 직무를 수행하면서, 삼성 비서실에서 근무를 하셨고, 10년 이상 선배이신 전상호 사장으로부터 많은 것을 배우고 경험할 수 있었다.

그리고 1981년 나는 세분 이사들의 추천으로 삼성비서실을 비롯하여 3개 주주회사들의 동의를 받아 그 회사에서 최초로 이사로 승진을 하고, 본격적으로 전문경영인의 길을 가게 된다.

2년 후에는 삼성전자로 자리를 옮겨 퍼스널컴퓨터개발사업에 참여하면서 정보산업의 하드웨어부문에 대한 경험을 하게 된다.

또 국내 영업을 총괄하면서 제품의 생산, 유통, 판매, 홍보판촉 등 마케팅 전반에 대한 경험을 할 수 있었다.

다음은 삼성SDS 설립을 기획에서부터 인허가와 출자, 외국기업과 합작, 전산실의 통합 등을 거치면서 일반적으로 쉽게 기회를 얻을 수 없는 나만의 경험을 쌓을 수 있었다.

또 잠시나마 그 시대의 거목이신 이병철 회장을 직접 뵈며, 그 분의 경영방침과 경영철학, 그리고 삶의 모습을 보면서 경영을 이념과 철학의 차원에서 느끼고 해석할 수 있는 기회를 가질 수 있었다.

이러한 경험들은 그 후 내가 30년의 인생을 사는데에 기틀이 되고 배경이 되고 역량이 되었던 것이다.

이렇게 31살에 시작하여 46살까지 삼성과 관련을 가지고 사회생활을 하였던 15년의 기간은 내가 자연인으로써 또 사회인으로써 나를 만들어가는 중요한 과정이 되고, 내 인생에서 가장 중요한 한 부분이 되었다.

또 내가 군 복무와 학업을 마치고 28살에 사회에 진출한 후 지금까지 47년간 인생의 시간에서도 1/3에 해당하는 무게를 가지고 있다.

그 기간 동안 내가 그 회사들을 위해서 기여한 것은 미미하지만, 그 조직과 인재와 제반환경을 통하여 내가 이룰 수 있었던 것은 너무 큰 것이었고, 같이했던 선배 동료 후배들의 사랑은 영원히 잊을 수 없는 추억이고,

그 조직을 통해서 인연을 맺었던 많은 분들을 통해서 얻은 깨달음과 지혜는 내 인생에서 너무나 크고 중요한 보람들이었다.

나에게 이렇게 아름답고 벅찬 인생의 추억을 안겨준 그 모든 사회적 환경, 그리고 함께해주었던 그 모든 분들에게 진심으로 감사를 드린다.

Digital 여행기
기업의 기능과 사회관계

주식회사라는 기업이 탄생하기위해서는 상법의 설립조건에 맞추어 필요한 사항을 준비하고, 그것을 법원에 등록하여 법인설립 인가를 받아야하며, 그 등록 사실을 국세청에 신고하고 사업자등록을 하여야한다.

주식회사에는 정관이 제정되고, 주주들이 투자를 하여 자본금이 조성되어야 하며, 투자를 한 주주들의 의결기관인 주주총회가 있고, 주주총회가 선임을 하여 회사경영의사결정권을 부여한 이사들의 의결기관인 이사회가 있으며, 이사회를 대표하는 대표이사가 있고, 회사의 재무회계 행위를 감리하는 감사가 있다.

주주총회, 이사회, 대표이사, 감사는 주식회사를 구성하는 네 개의 법적 기관이다.

회사가 법적으로 구성되면, 경제활동을 하기위한 조직이 만들어지고 그 조직을 담당하는 임원이 선임되고, 직원이 채용되고, 시설과 설비가 확보되어 제품을 생산하여 소비자에게 공급 판매하는 경영활동을 하게 된다.

기업의 경제활동은 원료를 투입하여 가치를 부가하여 새로운 재화를 만들어내는 것으로 정의하기도 한다.

여하튼 기업은 이러한 경제활동을 통하여 새로 창출된 부가가치를 이익이라고 표현하고, 이 이익은 생산 활동에 필요한 비용과 근로자의 급여 및 금융비용 등을 지불한 다음, 나머지 가치의 일부를 국가가 정한 법에 따라 세금으로 납부하고, 별도로 기업이 직접 사회공익 투자를 하기도 한다.

그 나머지 이익은 순이익이라고 정의하며, 이중에서 일부는 기업의 미래투자를 위하여 유보하고, 그 다음 나머지 순이익은 주주들에게 배당을 하게 된다.

기업의 경영활동은 이렇게 단기적인 목표를 가지고 회계연도를 운영해야하고, 장기적으로는 생존 발전해야하는 활동주기와 생명주기를 가지고 있는 것이다.

기업은 이렇게 수많은 사회적 관계를 가지고 있고, 여러 분야의 많은 사람들이 관여를 해야 하고, 복잡한 조직으로 구성되고 그 기능을 운영하여, 경제적 가치를 창출하고, 그 가치를 역할과 기여에 따라 분배하는 경영활동을 하는 유기체인 것이다.

따라서 이 복잡한 사회적 인간적 기능적 작용들이 잘 조화를 이루어야만 그 기업이 사회적 공기로써의 역할을 원활이 할 수가 있는 것이다.

기업을 구성하는 기관의 중요한 이해관계는 직원들의 보수, 국가의 세금, 주주의 배당금의 충돌이다.

이 이해관계의 사회적 조정은 아주 예민한 것으로 그것이 효과적이고 원활하게 조정, 협조가 되어야 기업의 경영활동이 발전적으로 운영될 수 있다.

Digital 여행기

기업이라는 나무

기업은 나무와 같은 생명체이다.

나무는 뿌리가 있고 그로부터 줄기가 나오고 줄기에는 잎이 달리게 된다.

나무가 건강하게 자라기위해서는 누군가 씨를 뿌려 싹을 내고 가꾸어서 성장시켜야한다.

나무가 생존하기위해서는 따뜻한 햇빛과 깨끗한 물과 맑은 공기가 있어야 한다.

건강하고 튼튼하게 성장하여 견실한 열매를 맺어 풍부한 수확을 하기 위해서는 비료가 있어야한다.

이렇게 싹을 내고 잘 자라도록 보살피는 농부가 있고, 건강하게 생존할 수 있는 좋은 환경이 조성되고, 영양과 비료를 잘 공급하여야 풍부한 결실을 얻을 수 있는 것이다.

기업 활동의 좋은 환경을 위해서는

국가의 좋은 경제정책과 안정된 사회질서와 건강한 시장 환경이 필요하다.

기업을 잘 성장시키기 위해서는 유능한 경영자와 성실한 근로자들이 필요하다.

기업이 견실한 열매를 맺어 풍요로운 수확을 하기위해서는 건강한 자본과 사회적 성원이 있어야한다.

나무에는 뿌리가 있다.
뿌리에는 굵은 뿌리, 중간 뿌리, 실뿌리가 있다.
나무에는 줄기가 있다.
줄기에는 굵은 줄기, 중간 줄기, 가는 줄기가 있다.
나무에는 잎이 있다.
잎에는 어린 잎, 푸른 잎, 병든 잎이 있다.

봄과 여름에는 잎만 보이고 줄기는 보이지 않는다.
겨울이 되면 잎은 떨어지고 줄기만 보이게 된다.
뿌리는 그 모습을 드러내지 않는다.

나무의 생명을 유지하기 위하여 뿌리는 절대적인 것이다.
뿌리가 없는 나무는 그 생명을 유지할 수가 없다.
견실한 열매를 맺기 위하여 줄기가 있어야한다.
줄기가 없는 나무는 열매를 맺을 수가 없다.
뿌리와 줄기가 건강하게 기능을 하기 위해서는
잎이 영양을 생산해서 공급해야한다.

조직의 구성원은 자신이 그 조직에서 어떤 기능을 할 것인가를 잘
생각할 필요가 있다.
한번 기능을 하고 사라지는 잎이 될 것인지, 나무의 기능을 주관하는

줄기가 될 것인지, 생명의 근원을 이루는 뿌리가 될 것인지, 그 선택에 따라 자신의 역할이 무엇인지 생각하게 되고, 그 생각에 따라 자신의 미래를 준비하게 될 것이며, 이러한 생각과 준비가 그 조직 속에서 자신의 미래의 운명을 결정하게 될 것이다.

어떤 선택이 더 좋고 덜 좋은지를 절대적으로 정의할 수는 없다.

그렇지만 이러한 사고는 조직 속에서 자신의 역할과 미래를 효과적으로 운영하는데 도움이 될 것이다.

또한 조직을 운영하는 최고경영자는 조직원들의 역량과 잠재력을 잘 관찰하여 어느 역할에 잠재적 재능이 있는 인재를 발굴하고 그 역량을 개발하고 발전시킬 수 있는 기회와 동기를 부여하여야할 것이다.

신입사원에도 뿌리의 기능을 할 수 있는 사람이 있고, 임원 중에도 줄기나 잎이 되어야하는 사람이 있다.

즉 역할과 재능은 직위나 지식으로 결정되는 것이 아니다.

사상과 인격, 사회성과 준법정신, 지식과 경험, 성격과 건강, 이런 것들이 복합되어 그 재능과 역량을 발휘할 수 있기 때문이다.

개인은 자신의 자유의지에 의하여 본인의 위치와 역할을 선택하려 할 것이지만, 조직의 최고책임자는 뿌리가 튼튼한 조직을 만드는 것이 최우선이 되어야할 것이고, 다음은 건실한 줄기를 만들어야하고, 그 다음은 풍성한 잎이 필요할 것이다.

Digital 여행기
기업과 경영자

기업이란 음악의 교향악단과 같은 것이며, 또한 기업이란 그림의 화폭과 같은 것이다.

경영자는 음악적 언어를 교향악단의 악기에 실어 감동을 창조하는 지휘자와 같은 것이다.

또한 경영자는 미적언어를 화폭에 담아서 아름다움을 실현하는 화가와 같은 것이다.

기업은 경영자에게 때로는 교향악단이고, 때로는 화폭과 같은 것이다..

기업은 경영자가 그의 철학과 인생을 실현하는 광장인 것이다.

기업은 많은 사람에게 직장을 제공한다.

직장은 소속된 사람들이 각자의 인생을 추구하는 삶의 광장이며, 조직원의 공동목적을 달성하는 광장이다.

기업은 직장을 제공하고 소속된 개인의 목적과 공동의 목적을 성취할 수 있도록 인재와 조직과 자원을 제공해주는 후원자인 것이다.

직장은 개인과 그 가족과 동료들에게 희망과 열정을 주는 일터인 것이다.

오늘 내가 일하고 있는 기업과 이 직장은 과거 선배들이 고뇌와 땀으로 이룩하여 물려준 유산이며, 현재 우리들의 삶의 광장이며, 미래

후손들에게 물려줄 희망인 것이다.

오늘에 사는 우리는 미래 후손들의 유산을 잘 가꾸어야 한다.

직장은 단순히 노동을 팔고 사는 장터가 아니다.

직장은 나의 꿈을 키우고, 나의 인생의 그림을 그려가는 화폭인 것이다.

더 아름다운 그림을 위하여 더 좋은 화폭을 만들어야한다.

더 아름다운 그림을 위하여 더 보람 있는 땀을 흘려야한다.

Digital 여행기

일하며 생각하며

인생은 굵고 길게 살아가자

어떻게 하면 굵고 길게 살 수 있을까?

높은 이상과 강렬한 열정, 끝없는 탐구와 도전, 폭넓은 지식과 인간관계, 시간과 공간에 대한 충실함으로 인생이라는 시간의 활용가치를 높이고 행동이라는 공간의 영역을 넓혀라

이상이 좋다고 사람이 모이는 것은 아니다. 이해관계가 사람을 더 강하게 유인한다.

상인에게 경영은 이익을 극대화하기 위한 기법이다.

기업가에게 경영은 가치를 창출하기 위한 철학이다

잎은 떨어져 나가기도 하지만, 생존을 위하여 스스로 떨구기도 한다.

살아남기 위한 치열함이다

비밀이 죄악은 아니다. 비밀스런 부정이 죄악인 것이다.

세계를 경영하는 기업은 세계와 교류를 한다.

그 교류의 방식은 세계의 사람들만큼 다양하다.

세계를 나의 방식으로 경영할 수는 없는 것이다.

나와 세계가 잘 조화를 할 수 있어야하는 것이다.

Digital 여행기
잠깐의 시상

이상이 높아질수록 고독은 더 깊어지고, 하늘의 푸르름은 더 짙어진다.

열정이 뜨거울수록, 숨 막히는 고통으로 가슴은 찢어진다.

푸른 하늘을 보고, 고독과 고뇌를 놓아버리니
마음은 깃털이 되어 날아간다.

Digital 여행기
비자금 폭로

"법률 고문의 비자금 폭로"
개인이 부정하게 썼을까?
기업의 활동에 쓰였을까?
미래의 투자로 쓰였을까?

폭로는
비열함이 될 수도 있고
무지함이 될 수도 있고
이적행위가 될 수도 있고
정의로움이 될 수도 있다.

Digital 여행기

경영자의 책임

경영자는 누구에게 어떻게 책임지나?

주주에게는 이익으로

근로자에게는 보수로

소비자에게는 가격과 품질로

국가에는 일자리와 세금으로

국민에게는 복지와 공익으로 책임을 진다

모든 책임 위에

자신의 결정에 대한 책임

자신의 양심에 대한 책임

이것이 가장 막중한 책임 이다.

Digital 여행기

디지털 보헤미안

끝없이 탐구해야 되고,
끝없이 도전해야 하고,
끝없는 감동이 있어서
끝없는 디지털세계로
디지털 보헤미안이 되다

Digital 여행기

디지털 독백

1940년대, 일본의 식민지 말기에, 이 세상에 태어나서 해방의 혼란기를 부모의 등에 업혀 쫓기며 유년기를 보내고,

1950년대 전쟁 속에서 어머니의 손에 끌려, 피난길에 굶주리며 살아남기 위하여 고통을 운명처럼 인내하며 어린 시절을 보내고,

1960년대 찢어지게 가난한 시절에 대학을 다니며 졸업을 해도 직장을 얻을 수 없는 불안에, 희망을 잃고 싸늘한 열정을 숨긴 체 해외로 도피유학을 하거나, 절망과 자괴의 시절을 보내고,

1970년대 산업화의 길목에 접어들며 가느다란 희망의 불빛이 보이기에, 미래를 향한 꿈을 꾸면서 신명을 다하고자 각오를 다지며 자신들을 불태우는 열정의 시절을 보내고,

1980년대 우리도 할 수 있다는 자신감을 세우고, 우리가 겪었던 그 좌절과 절망과 수모를 후손과 후배들에게 대물림하지 말아야하겠다는 미래를 꿈꾸는 희망의 시절을 만들어 갔으며,

1990년대 일취월장하는 국가의 미래를 꿈으로 안고, 더 높은 희망에 도전을 하며, 더 넓고 높게 달려왔다,

2000년대 시대가 바뀌고 사람이 바뀌어 꿈도 바뀌고 희망도 바뀌니 사명보다 누림에 안주하게 되고, 국가가 위기에 처하니 국민이 고통과 나락에 몰리고 있다.

2010년대 내가 쌓아온 모든 것으로 더 높은 도전을 위하여, 더 넓은 세계를 향해, 더 많은 사람을 찾아서 한 권의 책을 들고 황야로 나섰다.

Digital 여행기
끝나지 않았다

절망과 수모의 과거를 겪으며 미래를 꿈꿀 수 있는 희망을 가져본 적이 없는 사람들은 왜 우리가 자신을 버리고 후손들을 위하여 목숨을 걸었는지 이해할 수가 없을 것이다.

영광과 좌절을 겪으면서 고통과 나락의 심연을 몰랐으면 왜 우리가 잊어서는 안 되는지, 그 이유를 알 수 없을 것이다

어느 날 지친 몸으로 사무실 창가에 서서 푸른 하늘을 바라보며 다짐을 하였다.

지금의 이 생활이 함께하고 싶은 가족의 소망을 희생하고, 나의 수명을 감수하더라도 후손과 후배들에게 더 좋은 환경에서 미래에 대한 높은 희망과 열정을 가지고 행복하게 살 수 있게 할 수 있다는 것을 믿기 때문에 이 길을 계속 갈 것이다.

그리고 2016년 그때의 그 다짐을 떠올리며 오늘 이곳 이국의 땅에서 창밖의 파란 하늘을 바라보며 다시 한 번 마음을 가다듬어 본다.

나이 75살, 앞으로 10년 동안 나는 무엇을 할 것인가?

얼마만큼 해야 할 것인가?

전염병은 아직 끝나지 않았다.

Digital 여행기
나와의 대화

일상적으로 바쁘게 살아가노라면, 누가 살고 있는지 인식하지 못한다. 자아인식이 되지 않는다.

인식하지 않으려 바쁘게 사는지 모른다. 모든 사람이 열심히 살고 있는데 나의 모습은 보이지 않는다.

친구가 열심히 살고 동료가 바쁘게 사는데, 나는 어디에서 무엇을 하고 있을까?

삶의 모습이 때때로 의식 되면, 나 자신은 의문의 호수가 된다

나는 누구일까? 직책을 벗어던진 나의 모습은 무엇일까?

당신이 보는 나의 얼굴은 어떤 모습일까? 당신이 느끼는 나의 마음은 어떤 것일까? 나의 행위가 신의 섭리에 맞는 것일까?

나는 지금 현명하게 살고 있는 것일까? 어떻게 사는 것이 가장 인간적인 삶일까?

나는 남의 얼굴을 보며 산다. 나의 얼굴은 볼 수가 없다.

거울 속 허상만 보일 뿐이다. 남의 진실을 탓할 수는 있어도, 나의 진실은 모르고 있다. 나에게 신의 진실은 무엇인가?

너 자신을 알라고 한다. 마음의 차별을 두지 말라 한다. 사랑하고 용서하라 한다. 인간의 본질은 윤리라 한다. 자연으로 돌아가라고 한다.

존재의식을 위해 사유하라 한다. 고뇌를 잊으려면 땀 흘리라 한다.

인간은 부조리라고 한다.

무엇이 인간의 진실일까? 하! 많은 이 말에 진실은 있을까?

탄생과 죽음은 어김없는 진실인데, 탄생에서 죽음에 이르기 위한
삶의 진실은 무엇일까?

Digital 여행기
선택의 기로

나는 대학시절에 학자의 길을 가려고 하였으나, 그 뜻은 이룰 수 없어서 기업체에 입사를 하였다.

그리고 기업체에 입사를 한 이상, 최고경영자를 거쳐서 55세가 되면 창업을 하겠다는 목표를 가지고 있었다.

창업을 하여 기업을 성공시키고, 70살이 되면 봉사하는 삶을 살고 싶었다.

창업을 하기 전에 기업에서 최고경영자까지 하며 기업경영을 위한 많은 경험을 쌓아야한다고 생각하고 있었다.

그것을 위하여 나는 기업생활에서 항상 목표 지향적으로 적절한 선택을 하려고 노력했다.

따라서 나는 직장에서 나 자신의 신변변화를 선택할 때는 직위의 상승이나, 급료의 많고 적음이 아니라, 이 목표를 지향하는 것이 기준이 되었다

직위나 급료는 내가 기업에 필요한 역량을 갖추고, 기업의 경영목표에 기여하면 당연히 부수되는 것으로 생각하고, 나의 역량을 배양하고 조직에 기여하려고 노력하였다.

그것이 동시에 내가 궁극적으로 지향하는 목표를 위하여 준비하는 길이기도 하기 때문이었다.

이제 SDS는 탄생을 하였고 투자문제도 해결을 하였다.

그룹 전산실통합은 3개 회사의 업무를 위임받아 운영을 시작하였으므로 속도는 빠르지 않지만 노력과 시간에 따라 통합운영은 이루어질 수밖에 없을 것이다.

비용센터가 이익센터로 전환되어 기업의 엄청난 재무적 이익을 주게 되어있는 이 전략은 반드시 성공할 수밖에 없는 것이다.

반대의 이유들은 관리적 실무적 차원의 우려일 뿐이기 때문에 이 엄청난 재무적 이익을 넘어설 수가 없을 것이다..

외부의 프로젝트도 순차적으로 그 조직과 인력을 갖추어가며 진행되어가고 있었다.

나의 나이가 46살이 되는 해이고, 내가 창업을 하기위하여 준비할 시간이 꼭 10년이 남아있었다.

이제는 나와 나의 주변을 다시 한 번 돌아볼 시기가 되었다는 판단이 들었다.

나는 물론 SDS를 설립하면서 또 새로운 경험을 많이 하고 공부를 하였으며, 인간의 삶에 대하여 깊은 성찰을 할 수 있는 기회가 되었다.

나는 이곳에서 열심히 하면 진급을 하며, 한 10년 후쯤에는 이 회사의 사장이 될 수 있는 기회가 있을 수 있을지도 모르겠다는 생각도 하였다.

그러나 삼성의 사장의 직위가 내 인생의 궁극적 목적이 아니었기 때문에 나의 길을 위해서 주위를 살펴보며 어떤 선택을 하여야할 시기로 생각을 하였다.

271

삼성에서 계속 일을 하며 전문경영인의 길을 계속 갈 것인가?

내가 설정한 목표대로 창업을 위한 준비의 길을 갈 것인가?

삼성에서 계속 경영자의 길을 가게 되면 '이사'라는 직위만으로도 사회적으로 평균 수준이상의 대우와 인정을 받을 수 있고, 나아가서 사장의 직위까지 오르게 되면 여생은 경제적으로 여유 있는 삶을 누릴 수 있고, 사회적으로 부러움과 인정을 받을 수 있을 것이다.

그러나 삼성의 관련회사인 한국전산주식회사, 삼성전자, 삼성SDS에서 기업생활을 하면서 나는 강하게 느껴오는 거부반응과 부족함을 가지고 있었다.

거부반응은 자아의 상실감이었다.

조직 속에는 이병철 회장의 철학과 경영이념이 강하게 누르고 있어서 조직원 각자의 자아는 숨이 막힐 정도로 억눌러야하는 분위기이었고,

이러한 조직문화에 대한 강한 거부반응을 피할 수가 없었다.

삼성이라는 울타리 속에 남아있기 위해서는 이러한 조직문화에 순응해야하고, 이병철 회장의 경영이념과 철학을 따라서 그것을 나의 사상으로 소화하고 그것을 숭배하고 실천하며, 조직이 베푸는 대우와 삼성의 임원이라는 직위와 그에 따르는 명예에 만족해야만 하는 것이다..

나는 보다 더 많은 물질적 풍요와, 보다 더 높은 직위와 명예를 나의 삶의 가치 추구에서 최우선 순위에 놓은 적이 없다.

나의 사상과 삶의 목적을 실현하는 것을 나의 삶의 가치에 최우선에 놓고, 그 가치를 나의 자유의지에 의하여 추구할 수 있는 삶을 살아갈

수 있는 길을 선택하여왔다.

그래서 앞으로 나의 삶의 선택도 이 가치 추구의 방향을 벗어날 수 없을 것이다.

삼성의 틀 속에서 생활하며 느낀 부족함은 내가 창업을 하기 위하여 경험해야할 기업경영의 기능 중에서, 회계와 재무, 금융에 대한 경험을 할 수 없다는 것에 대한 부족함이었다.

나의 전문분야인 정보산업에 대한 지식과 경험, 생산과 영업에 대한 경험, 기획과 조직관리에 대한 경험 등은 많이 할 수 있었는데 내가 여기서 사장의 위치에 오른다고 해도 회계와 재무, 금융에 대한 경험을 할 수가 없을 것으로 판단이 되었다.

삼성의 조직 운영에서 회계, 재무, 금융은 관리 분야라는 것으로 명확히 구분이 되어있기 때문에 처음부터 관리 분야로 직무를 맡아 훈련 받지 않으면 다른 분야에서 사장에 오른 사람은 그 분야에 대하여는 상식선 이상을 벗어날 수 없을 것으로 판단되었다.

나는 금년을 마감하면서 삼성을 떠나기로 결정을 하였다.

내가 9월 말까지 근무를 하고 사직원을 제출하면, 금년 경영목표에 대한 책임은 나에게 부과가 되고, 타인에게 피해를 주지 않을 것이다.

또 어떤 면에서는 그룹 전산실통합작업도 쉽게 진행될 수가 있을 것이다.

그룹 전산실통합이 나에게 실적과 이익을 준다는 관계자들의 오해를 해소할 수 있기 때문이다.

나는 1987년 9월 말에 사장에게 먼저 구두로 사의를 표했다.

그리고 비서실에 사직의사를 표하려하는 시점에 사장께서 좀 심각한 병으로 병원에 장기입원을 하게 되었다.

10년간을 함께해온 선배이며, 나에게 많은 기회를 주신 분이다.

그분에 대한 나의 도리와 회사에 대한 책임 때문에 사직원 제출을 뒤로 미룰 수밖에 없었다.

약 한달 정도 되었을 때 사장께서 퇴원을 하시었다. 그런데 이번에는 회장께서 입원을 하셨다.

직무상 당장 나에게 직접 관계는 없지만 1973년부터 15년간을 그분께서 이끄시는 조직 속에서 사회생활을 하며 많은 혜택을 받았으며, 근래 5년 동안은 신규 사업을 맡은 관계로 자주 뵈어야만 했던 분이시다.

이런 상황에서 사직을 하는 것은 인간적인 도리가 아니었다.

그분은 11월 22일 용인에 마련된 유택에서 이 세상을 뒤로 하고 영면의 세계로 가셨다.

작고하시기 직전에는 80세를 넘기신 고령이심에도 쉬지 않고 어려운 신규 사업을 추진하시면서 많은 고뇌가 있으셨을 것으로 생각을 한다.

삼성그룹의 명운을 거는 대대적이고 모험적인 정보산업 투자에 심혈을 기울이시며 사업이 안정되지 않은 상태에서 일어날 수 없는 몸이 되셨으니 그 고뇌를 타인이 어찌 가늠할 수가 있었겠는가?

기업에 대한 온갖 규제와 저항이 있었을 뿐, 그분이 기업을 통하여 이룩하고 기여하고자한 뜻을 누가 감히 헤아릴 수가 있었겠는가?

그 뜻을 혼자 간직하고 혼자 결정하고 혼자 책임져야하는 깊은 고독

속에서 영면의 세계로 가셨을 것이다.

그래서 입원하기 전날 저녁에도 삼성반도체 공장을 돌아보며 깊은 상념에 잠기지 않으셨던가?

존경하는 한 시대의 영웅이 떠나가는 순간이었다.

그분의 장례식 참석을 마지막으로, 그리고 승진 소식을 뒤로 하고, 11월 23일 나는 사직원을 제출하였다.

사전에 아무것도 정해 놓은 것은 없었지만, 그래도 내가 가야할 길을 찾아가기 위해서 삼성이라는 옷을 먼저 벗어버렸다.

Digital 여행기

소프트웨어산업과 시스템산업

현재 한국의 소프트웨어산업은 소리는 요란한데 구체적인 내용이 없는 양상이라고 해야 할 것이다.

소프트웨어제품을 수출하겠다고 하는데 무엇을 어떻게 수출하겠다는 것인지 이해가 되지 않는다.

한국이 수출하려고하는 소프트웨어산업의 정의와 정책이 무엇인가?

소프트웨어산업의 기술과 제품은 어떤 것인가?

소프트웨어산업의 정의부터 명확해야 그 다음 단계들에 대한 정의를 명확하게 할 수가 있을 것이다.

한국은 현재의 세계 정보산업의 영역과 기술, 그리고 그 관련제품과 세계시장의 발전 과정을 분석하여, 소프트웨어산업 수출이라는 개념을 버리고, 시스템산업이라는 개념으로 전략적 방향을 혁신적으로 전환해야 할 것이다.

한국 정부와 한국의 기업들이 "전자정부"와 "스마트시티"을 수출하겠다는 것이 유행처럼 되어있다.

우리는 "전자정부 소프트웨어"을 수출한다고 하면 그 언어적 표현이나, 산업의 영역을 정의하는데 어색하고 부족함을 느끼지 않을 수 없을 것이다.

"전자정부시스템"을 수출한다는 것이 그 영역이나 언어적 개념에서 이해가 쉬울 것이라고 생각을 한다.

이제는 프로그램을 개발하는 기초적 개념에서 각 분야의 지식과 그 지식을 실생활에 담아내는 제품에 이르기까지의 노하우를 가지고 세계 시장에서 경쟁해야만 된다.

무인 비행기와 무인 자동차는 기존의 비행기와 자동차라는 기기, 기계공학적 지식, 기타 관련 공학적 지식, 운전지식과 경험, 이동환경과 관련 법규, 컴퓨터와 통신기기, GPS와 GIS의 지식과 기술, 전자적 광학적 기술, 인공지능을 융합시킨 결과물이며 이에는 소프트웨어 기술이 핵심 요소 중에 하나로 작용을 하고 있는 것이다.

그리고 이러한 융합제품을 통틀어서 우리는 시스템제품이라 할 수 있을 것이며, 이 영역을 총체적으로 시스템산업이라고 할 수 있을 것이다.

세계는 지금 인공지능기술, 사물네트워크, 클라우드시스템, 대용량데이터기술, 통신위성, 스마트시티기술 등으로 이러한 것을 이용한 시스템기술과 관련제품을 개발하는 시스템산업으로 활발히 진행되고 있다.

융합기술, 융합제품 또한 이 시스템산업 영역의 한 분야일 뿐이며 융합이라는 개념만으로는 시스템이 내포하는 개념적 세계를 모두 포용할 수가 없다..

따라서 우리는 이 **시스템산업**을 향한 구상과 전략을 개발해야만 될 것이다.

시스템산업을 정의하고 그 시장을 구체적으로 분류해야하며 그 시장에 적응할 제품을 정리하고 한국이 지향할 시스템산업의 영역을 정한 다음, 그 제품을 개발하기위한 기술을 정리하여야한다.

그리고 기술과 제품개발 및 시장경쟁 전략을 수립하고 그 실행 방안을 구체화해야할 것이다.

국가 정책은 어떻게 할 것인가?

기업은 어떻게 육성, 지원할 것인가?

정부와 기업은 어떻게 협력할 것인가?

기술을 어떻게 개발하고 인력은 어떻게 양성할 것인가?

시장은 어떻게 개발하고 그 시장에서 어떻게 경쟁할 것인가?

많은 검토와 구체적인 계획이 필요할 것이다.

우리가 지난 30~40년 동안에 정보산업육성과 전자정부개발을 성공적으로 완성한 경험과 노하우를 개발도상 국가들은 강하게 원하고 있다.

이 경험과 노하우를 필요로 하는 세계의 각국과 협력을 하는 것은 우리가 미래의 정보산업 시장을 만들어가는 좋은 기회가 될 것이며 그 규모 또한 막대하며 계속적으로 발전하는 시장이 될 것이다.

우리의 제품을 팔기만하는 개념에서 서로 협력하여 기술과 제품을 개발하고 이를 시장에 공급하여 이익을 창출하고 공유하는 공동번영의 협력이념을 정립해야한다.

단순이 제품을 팔기만하면 기회는 한번으로 끝나게 된다.

상호 협력하여 공동발전의 기틀을 만들고 이 기반을 정보산업의 공동번영의 협력관계로 발전시켜 무형적 경제협력 체제를 구축함으로써 더 깊고 장기적인 경제 유대관계로 발전시킬 수 있을 것이다.

소프트웨어산업에 대한 개념의 전환을 해야 한다.
세계를 볼 수 있는 인식의 혁신을 해야 한다
공동번영의 경제 유대관계를 구축해야한다.

Global Big Data Center를 설립하고
해외 Local Big Data Center를 지원하여
Global Silk Road Network를 구축한다.

한국의 표준 Big Data Base 기술
한국의 표준 Silk Road Network 기술
한국의 표준 Global SNS Smart Language 기술 등 한국의 세계표준
기술을 개발해서 공급하고, 한국의 표준에 의한 정보산업 시장을 개척
하자
세계로 미래로 향한 전략을 개발하여 한국정보산업의 세계를 열어가
자.
더 멀리보고 더 높이 날아보자
Bio 기술을 소프트웨어에 접목하여 "Bioware"를 개발하자
Software는 Text와 Image를 전달할 수 있다.
Bioware는 감성과 영성을 전달할 수 있을 것이다.

이러한 새로운 도전과 도약을 위하여 우리는 스스로 낡은 틀을 벗어

버려야한다.

구태한 방법, 구태한 이론, 구태한 정책, 구태한 조직, 이 구태한 틀을 과감하게 벗어버려야 한다.

새로운 사고를 할 수 있어야한다.

새로운 세계를 볼 수 있어야한다.

새로운 열정과 도전을 만들어야한다.

저자 약력

이 상 준 (Sang Joon, Lee)

학력: 서울대학교 문리과대학 화학과 졸업
숭실대학교 대학원 공학박사학위 취득

경력: 한국전산 주식회사 이사
삼성전자 주식회사 이사
삼성SDS 주식회사 이사
일진전자 주식회사 대표이사
쌍방울상사 주식회사 대표이사
진솔시스템 주식회사 회장
로딕스 주식회사 고문

강의: 동덕여자대학교 강사
단국대학교 강사
숭실대학교 정보과학대학원 겸직 교수

사회: IPACK 종신회원
총무처 행정 정책 자문 위원
한국정보과학회 학회지 편집위원
한국소프트웨어연구조합 이사
한국자동화산업협의회 부회장
대법원 법원행정처 법원행정전산화 자문위원
한국정보시스템 감사인협회 부회장
정보시스템 국제감리사 (국제EDPAA)
한국 정보시스템 감리사 (한국전산원)

저서: e-정부개발과 정보산업육성 전략
Strategies for Development of E-Government & Promotion of ICT Industry.
Digital 여행기 제1권 EDPS 시대

연락처: Mobile 010-5342-6580
e-mail: sjoonrhee@naver.com

Digital

정보산업 이야기

초판인쇄 | 2017년 10월 23일
초판발행 | 2017년 10월 27일
지 은 이 | 이 상 준
펴 낸 이 | 우 미 향
펴 낸 곳 | 도서출판 예지
주   소 | 경기 용인시 처인구 백암면 삼백로 414-1
전   화 | 031-339-9198 / 031-337-3861~2
F A X | 031-337- 3860
등록번호 | 경기 라 50203
I S B N | 978-89-6856-042-2
C I P | 2017025766
정   가 | 12,000원